追求

教师专业发展的幸福

赵丽 ◎ 主编

中国海洋大学出版社

·青岛·

图书在版编目（CIP）数据

追求教师专业发展的幸福/赵丽主编 . 一青岛：
中国海洋大学出版社，2023. 5
ISBN 978-7-5670-3518-8

Ⅰ. ①追… Ⅱ. ①赵… Ⅲ. ①中小学－师资培养－研
究 Ⅳ. ① G635. 12

中国国家版本馆 CIP 数据核字（2023）第 090927 号

追求教师专业发展的幸福

出版发行	中国海洋大学出版社			
社 址	青岛市香港东路 23 号		**邮政编码**	266071
出 版 人	刘文菁			
网 址	http：//pub. ouc. edu. cn			
电子信箱	1079285664@qq. com			
订购电话	0532-82032573（传真）			
责任编辑	孟显丽		**电 话**	0532-85901092
印 制	日照日报印务中心			
版 次	2023 年 5 月第 1 版			
印 次	2023 年 5 月第 1 次印刷			
成品尺寸	170 mm × 230 mm			
印 张	9. 75			
字 数	151 千			
印 数	1-700			
定 价	36. 00 元			
订购电话	0532-82032573（传真）			

发现印装质量问题，请致电 0633-2298958，由印刷厂负责调换。

目 录

CONTENTS

　　教师的角色不只是"传道、授业、解惑",更要根据学生发展实际情况以及"立德树人"的根本目标和要求,在特定的环境中采用特定的教学方法,通过特定的途径来促进学生成长。教师是一个比较复杂的职业角色,一名教师要完全胜任这种复杂角色,需要经过丰富的、长期的学习过程,需要经历不同的发展阶段。

　　教师职业发展阶段理论是一种在充分考虑人的生命周期和职业周期的基础,上按照教师任职的时间顺序,揭示教师在整个职业发展过程中所呈现出来的阶段性特征和发展规律的理论。对于教师不同的发展阶段,不同的学者提出了不同的见解。西方学者提出的发展阶段论主要包括傅乐的教师关注阶段论、费斯勒的教师生涯循环论、司德菲的教师生涯发展模式等。

　　我国学者在这一领域也开展了一些研究。例如,邵宝祥等从教师教育教学能力发展的角度出发,提炼出教师专业成长的四个阶段:适应阶段(从教1～2年)、成长阶段(从教3～8年)、称职阶段(35岁以后高原阶段)、成熟阶段。

　　这些教师发展阶段论大都反映、描述了教师在成长过程中所经历的实际情形,突出了教师在不同发展阶段所具有的表现水平、需求、心态、信念等[1]。

　　以此理论为依据,我们将中职教师职业发展阶段分成四个阶段:初为人师阶段、合格教师阶段、骨干教师阶段、名优教师阶段。

　　初为人师阶段:这一阶段的教师,因为刚刚大学毕业,正处于从学生转变

---

[1]　苏秋萍:教师专业发展阶段论对教师教育的启示[J]. 广西教育学院学报,2009(06):46-49.

为教师的阶段,所以对学校各方面的情况了解得不够深入,对教师这个职业角色的要求知之甚少,与之密切相关的专业知识、能力和技能掌握得不多,因而他们遇到的问题大多与如何适应并完成常规的教学工作和管理工作有关。

合格教师阶段:这一阶段的教师,因已从事教师工作三年以上,所以基本逐渐适应了教师的工作,并且开始形成简单的教育观念,开始思考如何更好地进行下一步的工作。

骨干教师阶段:这一阶段的教师,因其从事教师工作多年,对课堂的驾驭能力较强,且所教学生成绩突出,所以表现出较为明显的稳定性特征,逐渐成为学校的骨干人物、学科带头人。

名优教师阶段:这一阶段的教师一般是地级市以上名师工作室的领头人,或者曾被评为省级优秀教师。名优教师最大的作用是榜样和引领。英国作家罗阿谢姆曾说过:"一个榜样胜过书上二十条教诲。"

早在古希腊时期,人们就已经把幸福作为人生追求的终极目标。雅典城邦著名的政治学家梭仑就曾与吕底亚的国王谈起享受一生荣光的泰洛斯,说他的幸福源于他的城邦繁荣、儿孙出色等。由此可见,关于幸福的讨论早在古希腊人那里就是一个备受关注的问题。幸福在希腊圣贤苏格拉底那里被等同于善,亚里士多德把幸福当成一种目的,伊壁鸠鲁把幸福与快乐或善等同。马克思主义幸福观认为,劳动是幸福的源泉,道德是幸福的前提,幸福是物质幸福与精神幸福的结合,是个人幸福与社会幸福的统一[1]。

文明源远流长的中华民族也是个崇尚幸福的民族。幸福的观念被深深刻入中国人的文化基因中。远古至春秋战国时期形成并流行的幸福观以《尚书·洪范》中提出"五福"为代表。推崇"德"。

"幸福"早就是我国的官方热词。2006年,时任国家主席胡锦涛在美国耶鲁大学演讲时,多次提到"幸福";2016年,习近平总书记到北京市八一学校看望慰问师生时明确提出:让广大教师在岗位上有幸福感。

为保障教师幸福感,2018年、2019年习近平总书记连续两年在全国教育大会上强调:让广大教师享有应有的社会声望。2020年教师节前夕,习近平总

---

[1] 周洪:幸福管理:中学教师职业幸福感路径选择 [J]. 湖北经济学院学报(人文社会科学版),2022,19(11):136-140.

书记强调,让教师真正成为最受社会尊重和令人羡慕的职业,在全社会营造尊师重教的良好风尚。2020年起提升对教师表彰层次,由中宣部、教育部联合表彰全国教书育人楷模和全国最美教师,"双减"被列为2021年教育督导的"1号工程"等举措,都表明教师职业幸福感一直备受国家重视[①]。

人民教育家于漪曾经说过,站到讲台上就是生命在歌唱。学生的幸福成长是学校的教育职责和价值承担,也是教师对待教育教学的一种基本的价值期待。"如果教师是一些没有找到(职业教师专业发展的)幸福的、不热爱教育的人,这将会是一件非常糟糕的事情,他们会传递给孩子不幸福的情绪,也会使孩子成为不幸的孩子。"教师专业发展的幸福感是衡量教师的教育生活质量和生存心理状态的重要指标,教师专业发展幸福感的获得直接关乎教师与学生的关系、教师与学校的发展。所以,对于教师专业发展幸福感的研究显得尤为重要和迫切。

---

① 周洪:幸福管理:中学教师职业幸福感路径选择 [J]. 湖北经济学院学报(人文社会科学版),2022,19(11):136-140.

第二章
初为人师的幸福

随着教师身份的提升,越来越多的优秀毕业生选择加入教师队伍,教育的进步让教师素养越来越受到社会的关注。新教师走上工作岗位后,面临的困难,不仅有从学生到教师的角色转换的不适,还有教育教学等业务方面的压力。美国教育学家布什认为:"一名教师最初几年的教学实践,对他将来所能取得成就的效能水平有重要影响,对支配他未来 40 多年教学生涯的教学态度有重要影响,也决定了他在教学领域能否持续地进行教学。"所以,新教师的成长及如何获得职业幸福的问题就成了教师教育研究领域的一个重要课题。

第一节　什么是新教师

新教师的界定国内外并不是统一的,国内外学者有根据教师来源界定的,有根据教育时间界定的,也有根据教育层次界定的。我国对新教师的界定,既有"年限说",也有"职业成熟度说"。其中,"年限说"又分为"5 年说"和"3年说";"职业成熟度说"所定义的新教师,是指刚进入教师行业,教学经验不足,理论与实践不能有效结合,在教学情景适应性和教学策略水平上还有待提高的教师。

第二节　新教师的特点

第一,新教师是有自觉的文化基础、对教育有信仰的教师。什么叫"有自觉的文化基础"？第一是指新教师有文化诉求,而新教师的文化诉求是以文化"自觉"为前提的。这种"自觉",并不是指新教师对外来事物不加辨析,全盘接受,而是指新教师对影响教育的各种文化思潮,经过长期的谨慎辨析,最后坚定地做出选择。新教师认为,学习不仅是寻求世俗利益的工具,而且是人生发展的内在要求,是人的自由和尊严所决定的。在信息化高速发展的当下,各种教学模式层出不穷,令人目不暇接,如何在海量信息中有效利用资源而不迷失自我?新教师对教育的信念是坚定的,对生命本身的信念是坚定的。新教师对生命的信念,既包含对自身的,也包含对学生的。新教师认为,教师不是一根蜡烛,不是一只春蚕,教师就是教师,教师的生命发育与学生的生命发育相统一,相得益彰。新教师绝对相信学生,相信学生生命中蕴藏着无限发展的可能性,而教师的使命就是信任这种可能性,顺势而为。

第二,新教师是终身学习者,学习已经内化为新教师的一种本能。新教师具有对生命发展的根本信念,必然认为学习与发展是一个永无止境的过程。在新教师眼里,学习和工作是一枚硬币的两面:没有学习,工作就暗淡无光,只剩下机械重复;没有工作,学习就成了观念的无用堆砌。新教师就是致力于通过工作使知识活起来,通过学习使工作的创造性更强。新教师重视对基础知识的学习,把学习经典作为重要的路径。因此,新教师重视哲学、心理学、教育学的学习,重视文化理论的学习,从而奠定了专业发展的基础;新教师的专业基础是以本体性知识为主的专业学习,并将各种学习通过实践融会贯通,最终实现人生的发展。

第三,新教师不是传统意义上的个人奋斗者,而是合作者。在与人合作过程中,平等对话,认真倾听,热烈讨论从而人格得以完善,生命得以发展。

第四,新教师的生活叙事意识极强,专注书写自己的生命故事。新教师视生命中的每一天都是一个不断书写的过程,并努力把无意识的书写转化为自觉的书写,进而把自觉的书写内化为更理性的书写。在不断的书写中与学生的生命相互编织,进而与人类最伟大的思想相互编织,与人类意识共同体相互编织,在不断的编织中锤炼自己的词语,创造自己的故事。用自己的思想密码、自己的经历、自己的选择,在复盘和反思中形成自己的风格。

◼ 第三节　新教师的困惑

一、角色转换的困惑

角色理论起源于美国,是社会学理论的重要内容。其含义是指一个人在工作和生活中所处的位置,以及他所遵循的行为规范。角色伴随着特定的身份,关联着一定的社会地位。要想成功地扮演某种角色,首先要形成角色认知,了解所扮演角色应具备的恰当的行为规范和行为方式,逐步养成行为习惯,形成角色行为模式。角色是在个体的互动过程中形成的,恰当的"角色认知"会引导人们在不同的情境下,以恰当的行为方式与他人互动。

一名刚刚踏入学校从事教育工作的新教师,缺少经验,有时还不能确定自己的行为是否合适,会对学生产生怎样的影响?这是一种很正常的困惑,因此,应理性看待,不必过分过度焦虑。

二、课堂管理的困惑

课堂管理是指教师在完成教学任务、引导学生学习等一系列教学行为。成熟的课堂管理是教师教育教学顺利开展的保障。作为一名新教师,刚走上工作岗位时,总是怀着一颗热忱的心,但缺乏工作实践,常常会产生一些天马行空的想法,以至于对课堂上出现的实际问题手足无措、心灰意冷。在经历了理想与现实的落差后,新教师从满怀希望到手足无措,心态也随之变化。这主要有以下四个方面的原因:

第一,在新教师阶段,教师关注的是自己的生存问题,如课堂安排是否按自己的计划实施,课堂实施过程中自己的表现如何,是否受到学生的青睐等。这一阶段的新教师综合素质处于较低层次且整体不均衡。相对于老教师而言,新教师专注于知识点的讲解,容易忽略教学中的其他现象,其灵活度和针对性有待增强,掌控课堂的能力也有很大的提升空间。

第二,对课堂管理的认识不足。初来乍到,手忙脚乱的现象时有发生,面对一群思维活跃的中学生,为了更好地在学生面前树立权威,当学生出现违纪现象时,新教师往往采取过度专制的手段加以管束。

第三,教学方法有待完善。作为一名新教师,经历了实习阶段后,已经初步感受到这个职业的特点,具备了当一名老师的基本素养,同时对教学工作也有了一些设想和打算。但在这个时期,特别是初登讲台的我们,由于教学经验相对缺乏,组织教学更容易以教学参考书、教材为根本,教学方式也相对生硬。

第四,处理突发事件经验不足。课堂并不总是沿着预先设定好的方向前进,而是常常存在意外事件发生。教师无法预估课堂上发生的一切,当发生突发事件时,需要教师灵活应变,合理管控课堂,实现课堂管理的最优化。

三、师生关系的困惑

刚参加工作的新教师更多是对自己的学生充满了期待,但随着教育教学工作的推进,新教师与学生之间的关系变得十分微妙。

第一,初为班主任,容易与个别学生形成紧张型的师生关系。

如:与普通高中的学生相比,中职班所面临的学生问题行为更为频繁,上课学生说话、睡觉、玩手机、迟到、旷课等现象比比皆是。为了在班级内部更好地树立权威,新教师常会对学生的一些问题行为强行干涉和制止。而有的同学"不甘示弱",当面顶撞新教师,让新教师陷入尴尬的境地。这让新教师经常反思,与学生相处的更好的办法。

第二,加强沟通,学生不"怕"了。

师生之间有效的沟通需要坦诚和信任,如果缺乏应有的信任感,心存芥蒂,那么交流就很难顺畅。为了更好地了解学生心中所想,新教师应努力与学生进行沟通与交流,而与同学们较小的年龄差,可让师生在交流的过程中更容易产生共鸣。渐渐地,紧张的师生关系开始缓和甚至慢慢亲密。不过,与学生建立的"和谐友好"的师生关系,容易使新教师在学生中的权威慢慢减弱,影响班级的管理。现实和理想的落差会让新教师再次陷入迷茫,因此,应把握与学生距离的"度"。

■ 第四节　如何适应新教师的生活

一、做一名有准备的新教师

"师者,所以传道受业解惑也"。教师是孩子从呱呱坠地后除父母外最重要的影响者。老师作为传道授业者,一定要让自己有足够的知识储备。我们常说"要给学生一杯水，教师就得有一桶水"，所以作为一名新教师，不仅要把自己的知识体系建设好，把教材掌握熟练，更要教会学生如何做人。因为你要相信，学生对未知的探求欲望是永远无法满足的，只有不断充实自己，才能做好迎接好奇心的准备。除了这些，新教师还要努力积累自己的教学经验。新教师一定要虚心向老教师请教和学习，多听课，多观摩，多实践。新教师要多写教学案例反思和随笔，认真上好每一堂课，做学习型教师，不断探索新的教学方法，从而找到适合自己的教学方法。

二、做一名有韧性的新教师

从未当过老师的人，可能会认为教师是一个轻松的职业，其实不然。当新教师第一天踏进教室的时候，心里会很紧张，想着有那么多双眼睛在盯着你，有那么多双耳朵就要听你说话了，神经会一下子绷得很紧，因为不知道会出现什么样的情况，也不知道怎么去掌控课堂。但是，即使再慌乱，从走进教室的那一刻起，所有的一切都必须深埋在心里，因为作为老师，要清楚地知道，学生也是非常紧张的，他们会好奇新来的老师是怎样的，会对你产生期待，在孩子们的心里，老师是神圣的。

这个时候我们需要在他们面前表现出自信和魅力，因为这会感染坐在下面的每一位同学，让他们对和你一起学习的生活充满期待。除此之外，新教师还会承受一些压力，如，作为学校新入职的教工，对学校的一切都不熟悉，但必须尽快开始自己的日常工作。不仅如此，家长通常对新入职的老师持观望态度。当学生成绩出现波动时，有些家长会直接质疑你的教学能力，这无形中又是一种压力。那么，怎样才能很好地化解压力呢？

首先，必须明白，人的生活环境是变化的。既来之则安之，既然不能改变环境，就要积极地改变自己，努力地让自己适应新的环境。其次，同样的环境，既然别人能适应，我们就能适应。新教师要积极参加学校的各项活动，多和学生、同事交流，慢慢喜欢上新环境，积极健康地生活。

三、做一名有情商的新教师

做一名有情商的新教师，要学会尊重学生，与学生友好相处。

教师要讲究与学生交往的策略，可以从他们感兴趣的事情下手。比如和学生一起参加课外活动,如打篮球、下围棋、唱歌。这样既了解了学生平时的状态和特长,又给彼此留下了美好的回忆。另外,学生喜欢幽默有趣的老师,课堂上巧妙地融入一个笑点,往往能够拉近师生距离,且起到良好的教学效果。第三,师生之间的沟通交流有时需要借助一定的媒介,虽然处在互联网时代,但是一封手写信往往能够直击学生柔软的内心,成为师生沟通的桥梁,让老师更好地了解学生的状态,使学生亲其师,信其师。

四、做一名有规则的新教师

通过制定(课堂)规则来获得的良好课堂秩序,是教师的"教"和学生的"学"得以顺利进行的基础。这在课改中显得尤为重要。因此,教师要掌握有效的学科管理规范,有效制定课堂规则。

课堂规则的建立直接关系到课堂管理的效果,教师在建立过程中应注意以下几个原则:第一,课堂规则必须简明扼要、条理清晰、切实可行。只有对学生明确了标准和规定,才能有"法"可依。第二,课堂规则应是采取民主原则,师生协商制定。只有班级大部分成员都认同所确立的班级规则,才能执行到位。第三,在遵守规则方面,新教师应多采用启发、鼓励、暗示的方式,使学生自觉、自愿地接受,而不是采取强制手段,注重学生的自我管理、自我约束,养成自觉自律的习惯。

五、做一名会反思的新教师

对新教师而言,反思是教师以自己的教学活动过程为思考对象,审视和分析自己所做出的行为、决策及其结果的过程,是通过提高参加者的自觉水平来推动能力发展的一种方式。波斯纳提出教师成长公式:"经验 + 反思 = 教师成长。"反思是推动知识外显化的重要过程,是教师必备的职业素养,也是推动新教师成长成才的重要方式。对于新教师来说,有价值的课后反思,会为自己的教育管理积累经验,教师可以班级重大事件的发生为契机,定期对课堂管理的得失和问题进行反思。

第五节　新教师的幸福从何而来

"幸福，原来可以和教师职业如影相随。"这是《教师职业幸福的秘密》中的一句话。这句话会使我们内心对教师行业充满憧憬与期待，同时也会带来对未知领域的犹疑与忐忑。很多新教师最初的幸福仅仅是加入了一直向往的教师行列，同时伴随着初为人师的惶恐与不安。经过一段时间的工作和学习，这些新教师对于教师幸福感的理解是专业能力的发展、学生的认可、学校的关怀、同伴的互助、家长的尊重以及自我价值的实现。

一、幸福来自初为人师的角色

案例1

我从小就很向往教师这个职业，教书育人，对我而言是一件幸福的事。

2019年7月，我终于成为一名光荣的人民教师，实现了自己的梦想。9月，虽然新学期的学校工作才刚刚开始，我对自己的工作还不是太熟悉，只能按部就班地去做。随后，我迎来了人生的第一个教师节，在学生的祝福中，感受到了教师的幸福。

我所在学校是一所初中起点的中职师范院校，有小学教育和学前教育两个专业，学生大多数都是女生。而我自己刚毕业，与他们的年龄差距不是很大，因此学生很愿意与我谈心。

教师节那天，我像往常一样去上课。快走到教室门口，就看到有两个学生探出头笑嘻嘻地看着我，然后立马跑回教室去，悄悄传递着消息："老师来了，老师来了。"刚走进教室，只见所有学生都安静地坐着，突然他们齐声喊道："老师，教师节快乐。"此时此刻，我的内心深处升起一种难以言喻的喜悦和感动，眼泪紧接着就在眼眶里打转。课后，同学们陆陆续续地跑到办公室，害羞地递给我他们亲手做的各种各样的贺卡、仙女棒、小星星……这些小礼物里，饱含着孩子们沉甸甸的爱，每一样我都爱不释手。

虽然我是个"新手教师"，几年前我只是个学生，但在与学生们的点滴相处中，我能明显感受到学生对老师的喜爱，这种喜爱不仅是对于我个人的喜爱，更是对我能力的一种认可，这种认可给我带来满满的幸福感。

二、幸福来自专业能力的提升

随着时代发展,社会对于教师素质的要求也逐步提高。2018年习近平总书记在全国教育大会上就提出了新时代教育工作者必须牢牢把握"四个相统一"的根本要求,党中央、国务院对于教师队伍建设也提出路径和方法指导。青年教师专业素养的提升能够助力学生的全面发展和健康成长,更是一名教师专业发展的必然使命和职业幸福感的源泉。

(一)课堂教学素质提升的幸福

案例2

毕业后的我,带着我的理论知识踏上了那三尺讲台。我开始意识到我的"纸上谈兵",意识到我的能力、知识和经验远远不够,意识到我需要学习的东西很多很多,这时的我是困惑且不安的。在大学里,我主要是模拟讲课,台下是同班同学和老师,他们是带着指点亦或是学习的目的去观摩我的授课的。现在所要面对的却是学生,他们以求知若渴的心态来聆听我的授课,而现在的我却只有理论知识和所谓的"花架子"。

开学第一课,我按部就班地钻研课本,制作课件、备课,一脸稚气的我第一次真正地登上了三尺讲台,带着"纸上谈兵"般的干涩,我顺利讲完了要讲授的知识,孩子们也很配合。但我深深地感觉到自己的不足,我所拥有的知识并没有全部教授给学生,我体会到拥有知识不等于会传授知识,并且驾驭课堂的能力也是不足的。上课时孩子们求知的眼神、认真的脸庞深深地打动了我,我决心一定要上好一堂课。

究竟该怎样上好一堂课?这是我第一次真正地认真思考这个问题。我开始多看、多听、多问、多讲。同组的老师有求必应、有问必答,随时给我指导和指点,教给了我许多注意事项和教学技巧,帮我磨炼教学基本功。正当我在困惑中摸索前行的时候,学校开展了"师徒结对"活动,旨在让有经验的老教师帮扶指导青年新教师。这时的我也有了自己的师父——彭爱波老师,在师父的带领下,开始了我的"修行"之路。

我很庆幸遇到了一位负责任、关爱我的师父,她给了我许多指导和帮助,不论是在教学方法、教学理念、还是教学策略等方面都毫无保留,让我少走弯路,更快速地成长。虽然她工作繁忙,可还是每周都来听我的课,给出指导意见。师父也会召集同组老师一同来听我的课，帮我提出指导意见，大家集思广益，对于我课堂中出现的问题会一一指出，并用他们丰富的经验帮我提出解决方法。同时，师父以及同组老师们听课后点评课程时，也会肯定我的很多优点。他们没有华丽的辞藻，有的都是中肯的建议，正是这些意见督促着我快速成长。课后彭老师会在评课时将建议及时将地反馈给我，这样我能够有意识地进行调整和完善。师父在点评课程的时候不是笼统地说，而是具体到每一个环节、我说的每一句话、用的每一个词语中，甚至对学生的每一句评价语言都悉心点评。

彭老师也会肯定我课堂中的亮点，以此来增强我的自信。例如，"函数的单调性"一课中，彭老师先肯定了我的一些可取之处：模式化教学，对于教学环节层层紧扣，逻辑条理清晰；开头以国家奥运会强项跳水引入情境，增强学生的国家自豪感，激励他们奋进；运用信息技术，利用班级优化大师随机抽取学生回答问题并给予学生奖励，控制学生讨论时间；利用希沃白板手机移动授课，将学生的课堂成果进行展示；能够做到学生互评，教师再做总评，并且让学生思考，让学生讲，让学生成为课堂的主人；充分利用小组的作用，让学生进行合作探究，让他们主动参与知识的形成过程，并使他们动口、动手、动脑、团结协作、取长补短。但他同时也指出我存在的一些问题：忽视了数学来源于生活并应用于生活这一项，没有与生活结合；没有注意分层次教学，出题应注意梯度，除了基础题，对于掌握能力较好的同学，应有拔高题；由于时间没有安排好，最后结尾过于仓促，作业内容没有详细展示；德育融入教学做得不够好；评价学生的语言略显生硬，更自然一点就更好了，等等。在周二教研活动时，师父也会组织老师们对我的课或者课件、教案进行集中评价，对我的发展提出指导性建议，我悉心接受老师们提出的建议，并且认真改正。同组的老师们手把手地教我如何控制课堂、如何创造课堂闪光点、如何合理安排课堂结构，就是在这样的被听课过程中，我对教学逐渐有了清晰的认识。

杜威在其著作《我们怎样思维》中讲道："教师的成长和发展的第一步，就在于教师自身的反思。"进行教学反思是教师专业成长的有效途径。如果我们不注意反思总结，那么我们的教育教学永远在重复昨天的故事，何来进步和提高？所以我在听取老师们的意见后，反复思索，进行改正，并且将出现的问题以及可取的方法进行记录。意识到自己的缺点还是不够的，应该多向他人学习。"三人行必有我师焉。"我应该多汲取其他老师的长处,将他们课堂的可取之处融入自己的课堂中,从而形成一套自己的课堂风格与特点。

后来,彭老师提出让我去听她的课,也让我提出她的课堂意见。听了她的课后在先进的教学理念、教学功底、多样的教学手段方面我都受益匪浅。彭老师的课组织有序,分工明确,课堂效率高,真正地做到了让学生在轻松自在的学习氛围中学习知识,让学生作为课堂的主人。我们经常在课后一起讨论课堂中出现的问题,在听师父课程的过程中,我感受到她独有的教学风格,能学习到师父课程中的亮点和优点并应用到自己的课程中去。在师父的带动下,同组的老师们也十分欢迎我去听课,老师们的每一节课都使我感悟颇深,我将听课本中记录的其他教师的优点和长处应用到我的课堂教学中去,通过这些方法,最终确定自己的教学思路。

在这样的"听与被听"的工作模式下,我渐渐地摸索到了如何上好一堂课,并且教学能力和专业素养得到了有效提高。

在工作之初,学校就对新教师以及青年教师十分重视和关注,开展了"新教师过关课""青年教师比赛"等一系列活动。每一次我的比赛课以及出公开课时,师父以及同组老师们都会不辞辛劳地反复听我磨课,找寻我课堂中的不足,我一次次改正,老师们就会一次次听课,就算是到了第三遍老师们也会认真地推敲我课堂中出现的问题,寻找需要改进的地方,指导我成长。这种被关怀的幸福、被指导的幸福、被帮助的幸福,使我更加热爱教师这个行业,让我更有进取的动力。校领导们也十分关注新教师的成长,时常推门听课,对我们的课堂进行评价,督促我们快速发展。学校十分重视老师们的专业能力,组织了"教学质量提升月"等活动,全体老师共同出课,这给我们年轻教师提供了大量的学习机会,跨学科听老师们的课,汲取到不同的学科灵感,学习了很多不同的新型教学方法和教学理念。这些不仅丰富了我的知识储备,开阔了我的眼界,也使得我课程的知识结构体系更加完善,并且将其他学科的内容融合到数学课程中去,体现了"STEAM"教育的内容。这项活动也可以使不同学科的老师们互相交流学习,取长补短,提升自身的专业素养,取他山之石攻本学科之玉。

学校为我提供了成长的平台;领导们对我倍加关注;师父对我事无巨细、毫无保留地指导;同组老师对我不辞辛苦地帮助。是的,我是幸福的,我是一名幸福的教师。

案例3

第一次出公开课的幸福

新教师会有很多的第一次,记忆最深刻的要数第一次公开课,这是一名老师基本功的自我展现。

刚开学第一个月,学生的心思并没有完全回到学习上,因此我将大部分的精力放在学生的收心工作方面,备课的任务几乎都放在深夜完成,查资料、写教案、做课件等等。但随着班主任负责的事务越来越多,我开始逐渐被日常管理事务缠身,忙得晕头转向,导致没有那么多的精力放在备课上面,渐渐地对于自身教学技能的研究就没有刚开学那么上心了。转眼间,我已经入职半个多学期了,当接到通知说要进行新教师过关课的展示时,我有些激动又有些担心,激动是因为这是展示我几个月以来的学习成果的关键时刻,却又担心自己在展示的过程中出现不可控的意外情况。

第一次准备公开课总是想把最好的细节与过程展现出来,为此我投入大量的精力,在制作课件的过程中也遇到了很多技术问题,老教师们也不厌其烦地给我解答。有时会为了一个新的想法将所有的思路推翻重来,课件精雕细琢。经过两个周的努力,我终于完成了自认为"完美"的课件。然而,想象很美好,现实很骨感。我带着自认为"完美"的课件踏上了第一次磨课的征程,下面坐着的不仅是急需汲取知识的学生,还有数名评委老师,场面如此"浩大",使我感到一丝紧张,说话也略有颤抖。为了缓解紧张的情绪,我内心一遍遍告诉自己,放松下来,放松下来。经过反复的心理暗示,我逐渐适应了,完成了第一节磨课。老教师们对我的这节课提出了许多建议,认为我有大量需要修正的地方,甚至课件都需要推倒重来,我突然沮丧起来,这意味着我之前所有的努力都白费了。在反复调整心态、重整旗鼓后,我果断地将所有不合适的地方删除,重新上网搜索学习新型授课方法并且积极向老教师请教。老教师们不仅悉心指导、耐心讲解、出谋划策,而且一遍又一遍地陪我磨课,让我感受到了老教师的热心、支持与鼓励,我教师生涯的第一节公开课终于完成了,在那一刻,心情无比得轻松,幸福感油然而生,我成功了!我收获了!我成长了!

（二）专业文化知识提升的幸福

案例4

作为青年教师我刚毕业，站到讲台上的时间不长，很多教学技巧、教学方法以及掌控教学课堂节奏等方面掌握得还不是很好，教学质量等急需提高。虽然校内的帮扶使我的教学能力有了很大的提升，但我深知这是远远不够的，我需要走出去，把目光放远，拓宽自己的知识面，而这就需要通过校外培训来学习知识，提高教学质量，提升素质，拓宽视野，增加学习动力。学校为青年教师提供了许多这样提升的机会，让我们走出去，开阔眼界、丰富学识，提高能力和素养。我会珍惜每一次的培训机会，认真学习专家的讲解，将他们所讲转变为我自己的知识储备，回校后应用在我的教学工作中，以此来提升自己的专业素养能力。

我多次参加"信息技术与教育教学深度融合"的交流研讨会、培训以及课例听课，收获颇多。随着以计算机为核心的信息技术在教育中的广泛应用，教师不再像以前那样，单凭嘴、粉笔、黑板即可进行教学，而是要综合应用各种媒体技术，利用多媒体和微机网络，开展教学。电教媒体已经成为提高教学质量的重要手段。恰当地运用电教媒体，可以使枯燥的教学内容变得有声有色，使学生感知的过程活灵活现，从而能调动学生的主观能动性，产生事半功倍的效果。所以教师要创新信息技术教学手段，提高信息技术应用能力。

2020年12月，我又参加了一次信息技术融合的听课，收获颇丰。课堂的开始，老师让同学们展示课前的预习情况，此时学生们会将自己拍摄的与课堂内容相关的抖音短视频发送到青岛e平台上，老师只需要点击学生发送内容即可观看，无需再使用之前的U盘拷贝的方式。老师与同学进行评价后，老师开始使用希沃白板进行授课。期间会用到平面直角坐标系，教师直接使用白板中自带的几何画板以及数学函数，将所需的函数以及坐标系精准地画出，并且让学生进行白板示范，这样既保证了作图的精准性，也提高了课堂效率，同时也提高了学生的学习积极性。

在讲解到概念的时候，教师采用了微课，这样更能吸引学生的注意力，将概念的得出过程更清楚生动地呈现给学生，让学生记得更牢固，这样也变相地减轻了教师的一部分讲授过程。讲完概念后，老师运用希沃白板的小游戏进行习题巩固,将知识点融入游戏中,以小组竞争的方式进行答题。这种新颖的做题方式更是吸引学生们的注意力,在做游戏的同时能让学生们掌握知识,可见信息技术的魅力与强大。教师同时利用班级优化大师进行随机提问,这样可以公平地抽测学生。学生回答完毕后,教师利用软件对学生进行奖评,给予评语。每一个学生都配有一个pad,教师在最后会将课堂检测题通过e平台发送给学生,同学们通过pad进行解答,提交答案后,老师可在网站上看到同学们每道题的错误率以及总体情况,这就避免了老师再像以前那样几乎每道练习题都要讲解,这样有针对性地进行题目讲解既能节省时间,又能宏观地看到学生们的掌握情况。通过这次听课培训,我学会了很多信息技术、技巧,学会了用希沃白板进行教学,掌握了一些希沃白板的功能,这为我以后的教学提供了新的方式方法。

项目式教学被许多国家和学校广泛采用,是一种以学生为中心设计与执行项目的教学和学习方法。结合其特点,我认为数学项目式教学是以解决真实世界中复杂、具有挑战性的数学问题为项目背景,教师引导学生发现、提出、解决问题;学生在项目中发现问题、尝试解决问题、实际评估、优化方案、做出成果、资源共享的过程。在这一过程中可以结合数学课程标准培养和发展学生的数学核心素养;提高学生的数学表达、交流等能力;提升学生将数学与其他多领域融合的跨学科素养。

青年教师要与时俱进,珍惜学校提供给我们的学习机会。我有幸听了李元基老师《体育馆高度的测量——正余弦定理的应用》这一节关于项目式教学的课程。

第一部分,任务驱动,搭建学习支架:"数学知识来自生活,又服务于生活"。项目式学习能让学生深刻体会这一特点。紧密联系学生的实际生活,从学生已有的知识经验出发,创设情境,提出问题,让学生用本节课知识进行解答,发展学生应用意识。可以依托学生感兴趣的并且在校园内需要解决的真实问题进行项目式学习。如:李元基老师提出如何测量学校体育馆高度这一贴合学生实际的问题,通过数学项目式学习使学生与真实世界相关联,调动学生的积极性,让学生对现实世界中蕴含的一些数学模式进行思考。数学课程标准要求数学知识通过丰富的实例展开,体会数学与现实世界的联系,增强他们的数学兴趣,发展应用意识和创新意识。

第二部分,任务分解,合作探究学习:在问题提出后,班里同学进行小组成员分配,并且小组内分工进行合作探究式学习。同学每人任务明确,如方案设计、测量角度与长度、数据读取、数据计算、数据分析、文职工作等,分工精准。每个小组就是一个项目组,他们时而独立时而又共享。小组成员以及各自任务确定后,合作进行设计方案的确定。首先寻找方案的理论依据,即为本节课的知识内容——正余弦定理,这不仅能培养学生的数学应用能力还可以在应用中孕育创新意识。下面挑选其中一组同学的方案进行具体分析:该组同学想到用光的反射原理测量仰角以及相关长度,利用正余弦定理计算高度。这体现了数学与物理的学科融合,并且在测量光的角度时用到激光投射仪,让学生体会到动手的成功和乐趣,这也体现了"STEAM"中的"T"与"E",增强学生的技术与工程理念,培养学生的科学探究能力,引导学生掌握探究式学习的方法,在动手实践中增强创新意识。根据所需要测量的数据以及激光投射仪的特点进行方案设计,利用课堂所学知识建立可直接测量简单数据的模型,用最少的数据测量出较为准确的高度。这是学生数学建模核心素养的体现,将现实问题转化成数学问题,培养学生用数学的眼光看待世界。第一次实际测量后得出多组数据,并对数据进行处理,得出体育馆高度。在这过程中体现了学生数学运算、数据分析的数学素养。由第一次测量计算结果得出的结果不合理,接下来小组内成员进行误差分析,这培养了学生的数据处理能力。学生会对此误差出现原因进行分析,提出问题并进行解决。接着根据误差原因再次改进方案进行测量计算。改进了测量方法,使用高角测量法,运用物理中铅锤以及重力的概念来减少误差,并且根据材料学的知识,选用了韧性大、密度小的绳子,这也体现了多个学科之间的知识性融合,在操作时将技术与数学相融合,打破常规学科界限,再通过计算分析得出结果。由于所有的方法都存在误差,所以对各种方法的结果取平均值得到最终结果。最后小组成员对整体方案进行总结。学生们通过不同形式的自主学习、探究活动,体验数学发现和创造过程,提升数学核心素养,锻炼数学能力,培养跨学科素养。

第三部分,展示反馈,评价项目成效:教师在课前引题,之后由小组合作上台展示本组所做出的成果,提高了学生们的数学表达和交流能力,更好地理解和使用数学语言和符号,可以组织和强化学生的数学思维。小组展示后,其他同学又对方案中的有疑义的地方进行提问,这样可通过思考他人的想法和策略来丰富自己的知识和拓展自己的思维。

数学项目式教学培养和发展了学生的数学学科核心素养,提高了学生的数学能力,引导学生用数学的眼光看待世界,培养了学生的"STEAM"理念。我们应将项目式教学深入日常的数学教学中。

后来,我有幸参加了国培2021年青岛市数学学科中职数学教师培训,通过学习,使我对新课程、理念有了全新的认识。我将学习到的知识应用到教学实践中,解决了一些教学方式和方法上的困惑和不足,改进了教育教学方法,提高了课堂质量。

(1)端正心态,正视数学,重拾信心

如果你认为学生大部分不学习是职业院校教学的常态,那将是你教育生命的结果,那将是你和孩子们最大的悲哀。

培训时,陈磊教授也做出了解释:中职学校现在大规模招生,有一部分学生是没能考上高中才来职校就读的,他们对自己所选的专业并不了解,有些甚至专业都不是自己选的和自己喜欢学的。因此学生普遍存在起点低、差异大、厌学现象严重。与这些差异相对应的,是学生对数学学习的认识水平和态度之间的差异,很多学生害怕数学,多数学生学习数学的兴趣不浓、动机不强、信心不足。我想到单纯地灌输学习知识是远远不够的,应该提起学生的兴趣,让他们主动去学习,并意识到数学与生活与他们所学的专业密切相关,是一种工具。要从"以课本为基础的,在这个基础上进行一些适当的变化"的教学方式转变到数学与专业知识相结合的教学方式。

我将陈磊教授的理念应用到实际教学中去。例如,在基本计数原理这一课中,课前我提出问题:政治礼仪课中,需要大家搭配设计衣服,画出设计稿,已知的上衣模板有3种,裤子模板有4种,鞋子模板有2种,大家总共可以画出多少种设计方案稿? 在研究这个问题的同时,我就顺水推舟地把这节课讲完了,其实问题的提出探索相当于这节课的一个导入。在讲课的过程中我发现学生的兴趣非常高,课后在和学生谈到这节课的时候,几乎每个学生都要求在今后上数学课的时候,与他们的专业知识结合,这样他们学习数学的时候才会很轻松。

专业学习是职业教育的特征,要发挥数学学科工具性的功能。所以,这要求我们中职数学教师授课时,首先,应从学生所学的专业中挖掘数学知识与专业知识的结合点。其次,要求数学教师在教学中合理补充数学知识,为专业课教学做好铺垫。总之,学生只有看到数学能够应用到专业以及实际中去,才能获得学习的动力,提高数学素养。

（2）以学生为中心的三教改革

在"职教二十条"这份新时代职业教育改革的指导性文件中,提出了对教师、教材和教法三个维度的概述性改革要求。教师、教材、教法三者之间形成三维立体架构,教师是主体,教材是主线,教法是主导,系统地回答了"谁来教、教什么、怎样教"的问题。中职数学作为一门公共基础课程,因其知识体系的相对稳定性与延续性,其改革的进度总是落后于专业核心课程,中职数学教师已经习惯于"赶羊群式"的课堂教学状态。在职业教育三教改革的大潮面前,作为中职数学教师的我们要做出何种改变呢? 这也是自从国务院提出三教改革以来我一直在摸索的问题。

齐洪利教授的一堂课使我收获颇丰。教学目标要由"教会、会教"转向"想学、享学",我们要从站在讲台的教师转向站在学生身后的教练者。以学生发展为中心,以学生学习为中心,以学习效果为中心。知识不是老师"教"会的,而是学生"学"会的;能力不是老师"讲"会的,而是学生"做"会的,任何高明的教师也不可能代替学生自身的生成过程。我们要设计一系列的问题,引导学生去发现问题、探索问题、解决问题,让他们成为课堂的中心和主人。基于中职学校的学生,大多缺乏较强的学习能力,数学基础知识的掌握比较差,因而传统的教学方式不适合学生,可以选择趣味性的教学方式。加入生活化的学习背景;在课堂中加入游戏化;利用问题情境引发主动性的思考,但在其中教师也不是完全的旁观者,要给予及时的引导和帮助。

因此,我在后续教学中充分利用学校资源,应用希沃白板,其中有小游戏模块,根据课堂内容设计游戏,吸引学生注意力,让他们乐学;希沃白板中的数学画板等先进工具不仅可以形象地展示数学内容,并且引起学生们的好奇心,激发他们的学习兴趣。用数学函数工具 geogebra,也能形象地展示出函数的变化。

（3）增强中职学生数学核心素养

对于班级中大部分的同学,他们认为数学最主要的内容就是要进行运算,并没有真正地认识到数学核心素养的作用和意义。这也是现在中职数学研究的一大热点,于桂花教授的一堂课给了我很大启发,我也将所学到的知识应用于我的课堂之中。

数学运算是在明确研究对象的基础上,依据数学运算法则与公式,对具体对象进行变形的演绎过程,往往在函数内容上有所体现。

直观想象是利用图形描述、理解、探索和解决数学问题。以"立体几何中的长方体模型"为例,以"长方体"贯穿于整个立体几何的教学与学习,侧重将长方体作为认识和理解立体几何中许多问题的好模型。① 在长方体中认识点、线、面及其位置关系。② 借助长方体发现、理解基本事实。③ 依托长方体全面地认识立体几何的内容,形成数学探究解决问题思路的直观背景。

数学抽象是指舍去事物的一切物理属性,得到数学研究对象的思维过程。例如,初中学习的锐角三角函数主要反映的是直角三角形的边角关系,在平面直角坐标系中,用单位圆上点的坐标重新表达了锐角三角函数的概念。有了这些准备,借助于角的推广,就很自然地用单位圆上点的坐标定义任意角的三角函数。弧度制的建立将角的度量与长度的度量统一起来,使我们得到的三角函数的概念符合从实数集到实数集的对应关系,从而形成了对三角函数的完整理解和认识,进而促进了学生对函数概念的全面理解。

数据分析指从实际背景中提出统计问题,收集和整理数据,选择或构建合适的模型进行数据处理,做出推断,获得结论,即重视和强调数据分析的全过程:收集和整理数据、理解和处理数据、获得和解释结论、概括和形成知识、提高学生分析数据的能力。

数学建模则是选择学生熟悉的场景和身边的事物,提出问题。例如在函数中我们可提出简单的贴近生活的问题:小明在一家零售店工作,每周工资150元,每卖出一件货物外加3元,写出小明每周收入与他卖出货物量之间的函数关系。

(三)综合素养提升的幸福

案例5

要提高专业能力水平,仅仅依靠专业课是不行的,要全面发展自己的学识,提高各方面的能力。这不仅可以提升我的综合素质,也是学校社会发展的需要。

很幸运,我能得到学校的信任,参加了 1+X 幼儿照护的师资培训,不仅增长了知识,自身也得到了全面发展。从 2019 年开始,为了国家需要、社会需要以及提升学生就业能力的需要,国家重点在职业院校启动 1+X 证书制度工作。2020 年,教育部、国家发展改革委、财政部、市场监管总局联合印发《关于在院校实施"学历证书 + 若干职业技能等级证书"制度试点方案》,部署启动"学历证书 + 若干职业技能等级证书"(简称 1+X 证书)制度试点工作。幼儿照护作为项目之一,未来的趋势会融入课堂,深入教学之中。2020 年 8 月份,我有幸参加了为期一周的 1+X 幼儿照护师资培训。培训时潘老师对幼儿照护职业技能等级证书试点工作及深化 1+X 证书改革试点工作做了阐述,使我了解到 1+X 对我校学生的必要性。紧接着,唐老师就以《中级安全防护、照料及保健内容解读及实操演练》为题进行了授课,授课内容详实,方法实用,涉及婴幼儿心肺复苏、中暑急救、烫伤急救、下肢骨折救急等多个内容。而音视频加实操演练,让我熟练掌握了基础的急救知识。

培训老师还从 1+X 证书考核的标准出发,为我们分别讲解烫伤初步处理、外伤出血初步处理、溺水的紧急处理、海姆立克急救技术以及心肺复苏术等具体操作环节和注意事项。在讲解过程中,培训老师从自己的工作实际出发说明了操作手法,还结合许多生动的案例展示了错误操作对幼儿的危害。这次培训让我收获了很多非我本专业的知识,拓宽了我的视野,并且可以将这些知识教给学生,让他们与我共同受益。

自从幼儿照护试点工作在我校开展以来,我辅导过两届学生,他们全部都通过了考试。我深深地为拿到证书的孩子们感到开心,他们的专业得到了更好的发展,理论知识得到了实践,他们的未来又多了一种保障,社会也会收获更多的人才。这也让我的自我价值得到了实现,努力得到了回报,自身的教学水平得到了提高。

教师教学工作和专业成长的有机结合是职业幸福感的重要源泉,持续的学习力是促进教师专业发展的主要途径。通过持续的学习,能够提升青年教师的专业素养,加快青年教师的成长速度,提高其驾驭工作的能力,促使青年教师体会成就感,获得幸福感。是的,我是幸福的,我是一名幸福的教师。

案例 6

2019 年 7 月,我有幸参加了学校举办的新教师培训,作为一名刚走出大学校门的新教师,我对新的社会角色、新的工作任务、新的生活充满了热情和期待,也对如何当一名好老师、如何上好课、如何开展班级工作等等充满了困惑,迫切希望能通过这次教师培训找到答案。因此,每一堂课,我都认真听讲,及时做好笔记,对于有困惑的问题及时向专家请教,解决了许多困惑,明确了前进的方向。对比刚开学时的自己,这次培训不仅仅让我收获良多,更让我深切地感受到教师所肩负的责任之重大、肩负的使命之光荣。

我国的教育改革正随着社会的全面进步而不断深化,新的形势和新的历史阶段对教师提出了更高的要求。作为一名职业学校的教师,只有具备了全面的素质,才能培养出与社会发展需求相适应、与促进社会进步相适应的人才。通过培训我明白了教师职业道德是新教师首先要学习和提高的,因为它是我们教师素质的核心,会直接影响到我们整个教书育人的进程和质量。

"学高为师,身正为范",这是对我们所从事职业的价值和意义的一次深刻理解和解剖,也是对我们教师职业操守的高度总结。职业的特殊性,注定了我们必须时刻把肩负的社会责任、历史责任铭记于心,不断提高自身素质修养,自觉维护教师的职业操守。

教师职业道德,我觉得它集中体现在教育的责任感、对学生的关爱和工作效率等方面。教育事业关系着下一代的身心发展,关系着我国的未来发展,在我国社会主义建设中具有举足轻重地位的部分。教师的工作责任感应该是极其强烈的,只有强烈的责任感才会激发更多的工作热情,才能真正意识到自己职业的重要性并且愿意投入更多的精力和时间。

通过这次培训,我明白了一个道理,教师仅仅有责任心还不够,还要成为学生的益友。因此,关心、爱护学生是一名教师最基本的品德,也是教师强烈责任心的一种体现和升华。对学生的关爱,首先应该是对学生人格的尊重,用公正客观的眼光看待和评价每一位学生,不偏见、不片面。在关心他们的学习之余,多关心他们的心理健康,引导他们向积极向上、乐观向上的方向迈进;多了解他们课堂之外的生活,以便及时、适当、全面地帮助和引导他们健康成长,能给他们一个适合自己的舞台,让他们有更多展现青春魅力、施展才华的机会。

教师的职业道德还表现在工作效率上。教师最重要的职责是教书育人,对学生需要的文化知识要无私地传授,教给学生做人做事的方法。教师既引导学生举一反三,培养学生学会学习、懂得思考的能力,又发挥学生的主观能动性,主动探究未知的问题,这是一件难事,尤其是在职业学校中,难度更大。所以,我们既要成为学者,又要成为研究者,尽可能在不同的教学环境条件下,持之以恒地研究教学方法,做到有创新、有建树,促进教学改革,提高教育质量,促进学生全面发展。

作为一名新教师,通过这次培训,我感到幸福满满,因为这次培训我不仅仅收获了许多专业知识,更解决了许多工作中的困惑,为今后更好地工作奠定了基础。今后工作的路还很长,为了尽快成长为一名德才兼备、业务精湛、幸福感满满的职业学校教师,我需要学习的东西还有很多。我喜欢这次收获幸福的新教师培训。

三、幸福来自良好班集体的建设

教师的职责是教书育人,教育的直接对象就是学生,而班主任无疑是与学生走得最近的岗位,肩负着更多的责任和任务。听很多老师提起过"没当过班主任的老师,是不完整的老师,在一辈子的教书生涯中,肯定会留下一点遗憾"。所以,没有步入岗位的我对班主任工作有着深深的向往,同时也有着忐忑与不安,我该怎样管理一个班级,学生会喜欢我吗,家长会认可我吗,学校领导会信任我吗,种种问题一直围绕着我,使我在期待的同时也存在着困惑。两年的班主任工作经历让我打消了这些疑虑,正是因为他们的喜爱与支持让我拥有了幸福感,让我更有信心和动力努力干好班主任这一职位。

(一)学生尊重与喜爱的幸福

刚来学校时,领导问我是否愿意当班主任,我立刻就答应下来,虽然刚刚大学毕业的我看起来还很稚嫩,在许多方面感觉自己还是一个孩子,但我想尝试一下。当学生来报到的时候,当三十八双眼睛盯着我的时候,我真的有点"慌",意识到这三十八个孩子都要由我来引导和管理我,立刻改变了我还是学生和孩子的想法,带着疑问和紧张,我迈出了班主任生涯的第一步,开始了管理三十八个孩子的班主任生活。

作为一名新教师、新班主任,我最欠缺的就是经验,所以在接手班级的时候,最大的感受就是迷茫,不知道该以什么样的姿态去面对我的孩子们以及家长,心里是又害怕又激动。但是在学校领导以及老班主任不厌其烦的指导、建议和帮助下，我摸索着开了人生的第一次班会，组建了班委，建立了班规，逐步理顺了班级管理。

记得开学时，有一位老班主任提议过记录每一位同学刚来时的样子，毕业时可留念，我就在新生报到的时候把他们懵懵懂懂的样子都拍摄留存。有时在班会上，我们会一起拿出来欣赏，我觉得这是一种拉近学生与班主任距离的方法。我让学生们写下进校的初衷、短期和长期的目标，以激励自己。

很多老师都和我们新班主任说过，班级开始的建设非常重要，这段时间要选班委、建班风、向学生传输你的理念和底线。对于没有经验的我来说，唯一的办法就是学习和跟靠，严抓严管，以及不放过任何一次班会机会，努力增强他们的班集体意识。在军训中，我们班表现得很棒，获得了优秀班集体的称号，我也抓住这次机会努力地表扬他们，让他们充满自信。

学生们刚报到就感受到学校量化管理的严格，其实，我刚来的时候也觉得有点严，但是后来经过各位领导老师们的解释以及我自己的探索，发现确实这些规定是非常有必要的，没有这些规定约束他们，他们不会养成良好习惯，更不会变得优秀，所以我慢慢向学生们灌输这些思想，让学生们认识到量化管理对自己成长的重要性。为此我会认真分析每一周的量化表，分析上一周哪些学生表现得好、哪些学生出了问题，并且下一周班会上集中讨论解决问题，所以对于班级量化来说，可能整体排名有时不尽如人意，但是能帮助学生发现问题，规范学生行为，提升学生素质，促进学生成长。

学习方面。我认为每天早读是非常关键的。有了好的开头这一天都会很充实，我鼓励学生参加早读。刚开始同学们都来了，但许多学生存在三分钟热度，慢慢地学生们都不来了。抱着能热一个是一个、能热一天是一天的想法，我每天早上都会在黑板上写一句激励的话，渐渐地来早读的学生又多了起来。同时我借鉴其他老师的经验，将学生早读情况发至家长群，表扬这些来早读的同学。每一次班会不论是什么主题，学习问题都是重中之重，我会结合自身的经验向他们讲述学习和习惯的重要性。每次考试后，我都会把之前他们入学的目标发给他们，看看自己入学时的志向，再看看自己这段时间的表现，又让他们写下考试总结和新的目标。

在学校举行的歌手大赛、合唱比赛、跑操比赛等活动中，我们班级的同学都能够积极地去参加，并且或多或少地得到了一些荣誉。在这些活动中，我发现班里的每一位同学都很优秀,都有自己的优点,我以后要用欣赏的眼光看待他们,发掘他们的闪光点。这些活动还增强了同学们的班级荣誉感,让他们更团结,也拉近了我和他们的距离。

经过半个学期的磨合,他们慢慢接受了我,把我当成可以真正寄托心灵的好朋友。为了了解孩子们的情况,我每周都让孩子们写周记。这是我与孩子们的小秘密,通过这种交流方式,我常常能在周记中发现他们的小烦恼,或是开心之处,或是困扰他们的问题。有的孩子在周记中写到"我们的班主任除了课堂之外,在平日里就像我的朋友一样,这样的感觉真好。悄悄地说:我们的班主任真漂亮。老师时而严肃时而温柔,严肃主要是在我们违反纪律的时候,我们其实都知道老师是为我们好;温柔是在我们的日常生活中,当我们难受的时候,老师会很认真、耐心、温柔地开导我们。"诸如此类的小感动还有很多很多,怎能让我不感动不幸福?当看到孩子们表达出对我的喜欢和尊敬,我觉得我付出的辛苦与努力都是值得的。三十八朵可爱的小花,他们就像我的弟弟妹妹们一样,学生们的成长与改变就是我做班主任最大的动力。

班上有一些比较特殊的学生,转化他们是班主任的职责,也是我作为他们的大姐姐应该给予的关怀。下面我将分享一下我班上的两个案例。

案例 7

班上有一个女孩小白,她在家中排行老大,还有一个弟弟。她性格孤僻,敏感,不爱与人交流,压力大,伴随失眠,和舍友关系也不是很融洽;对阳光、奶制品等过敏。这些导致她产生自卑心理觉得与别人格格不入,非常敏感、脆弱。

她的家庭情况:在与她交谈中了解到,父母比较偏向弟弟,尤其是母亲。当小白与弟弟发生冲突时,总是寻找她的过错,叮嘱她让着弟弟。小白不敢向父母说明自身情况,怕他们嫌她烦。由于孩子从小到大的成绩都十分优秀,因此父母也以此为傲。这反而导致了父母对她的期望值颇高,尤其父亲总要求她一定要考到多少分数。这样的高要求使孩子长期处于焦虑与重压之下。

学生自身状况:她在学习上缺乏自信,成绩下降。面对家长的过高期望,她无法满足,因而产生巨大的压力与焦虑,而这样的压力与焦虑使她更无法专心学习,由此越来越悲观。小白认为她自身的生理问题会受到其他同学的歧视,所以长期处于一种自卑的心态中,觉得大部分同学对其有敌意,往往别人一句无意的话就会使其多虑,导致她不喜欢与人来往,性格孤僻。

对于她的问题,我采取了一些方法,引导孩子走出自卑,缓解焦虑。针对小白的实际情况,我利用一切可以利用的机会,从沟通改变自身、创造取得成功的机会等方面入手,对症下药,开导与帮助她远离自卑心理,重新树立自信心。

(1)深入家庭,进行家教指导

"望子成龙,望女成凤"是许多家长都有的心理,根据这一情况,我向家长介绍了心理学基本知识,分析现在学生的心理特征,抓住各种时机,通过各种方式,劝说小白同学的家长对女儿有适度的期望,提出容易达到的小目标,尊重女儿意愿,平时学会以平等、民主的身份与女儿沟通,了解其真实想法,多鼓励少批评,为小白营造一个充满爱与和谐的家庭氛围。我希望他们能重视这个问题并做出努力和改变。其父亲表示回去一定会加倍重视女孩,多花时间来陪伴、关怀她,让她感觉到爱和家的温暖,不再在学业上给她施加压力,只要孩子健康就好。父亲也表示一定会给女孩的母亲做思想工作,不再偏向,要一碗水端平,给予她安全感。

(2)努力向前,重拾信心

女孩对我说,初三时压力太大,导致晚上睡不好,中考失利后,不仅晚上失眠,并且常常回想起往事就控制不住哭泣。我疏导她要向前看,并且要学会减压,之前的一切都已成往事,我们谁都无法回头,能做的无非就是努力向前看,继续向前走,你还有梦想和目标等着去实现,不能被过去所绊。过去的就让它过去,我们每一个人都无法让时间倒流,能做的就是抓住当下,改变未来,不要重蹈覆辙。我建议她不要给自己过多的压力,要正确认识自己,看到自己的能力,给自己准确定位,不要给自己定一个根本达不到的目标;每天给自己制定一个具体的小目标,让她正视自己的能力;注重学习过程而不是结果,对自己的目标具体化,使她的每一次小小的成功都能找回她的自信,分散她的压力,将压力变为动力。我还经常给小白提供一些表现的机会,让她的能力得以发挥和展示,增强她的社交能力。我与任课老师们商量,平常在上课时要不断地用鼓励、赞许的语言表扬她的点滴进步,只要有进步就给予肯定,让她感到老师们在关心她、器重她、帮助她。这样会让她减少自卑感、增强自信心。

(3)给予关爱,走出自卑

我在班里对情况进行了了解,发现舍友对她十分包容,但女孩十分敏感。

我与她进行交流，"你哭时他们都听得到，其实这影响舍友睡眠。但是她们理解包容你，所以她们从不制止你的哭泣，相反，她们会及时向我反映情况，非常担心你，让我和她们一起帮助你。你早上起床早，舍友还在睡，但是她们并没有为此反感你，与你争吵，相反，她们还是处处忍让你，她们很关心你，只是有时语言不是很注意。你也要反省自身，不能影响舍友的正常休息"。女孩很感动，觉得还是有很多人关心她。我深知这个女孩一定是极度缺爱，所以在学校我会及时关注她的情况和改变，会以姐姐的身份关怀她，给她一个拥抱，在生理期时给她红糖、暖宝宝等，让她知道这个世界上有很多人是爱她的。

通过我的努力，女孩的情况得到了好转，沟通工作起到了良好的效果。

女孩家长也做出了改变，对女孩十分关心，女孩也对父母敞开了心扉，不再排斥回家。女孩晚上虽然有时还是失眠，但是不会再哭泣，压力也没有先前那么大，心理状态有所调整。她学习非常用功，期中考试，她在班里考了第一名。现在她与舍友相处非常融洽，有时也会开小玩笑，像一个正常的小姑娘与其他人分享开心与失望。关键是她重拾自信心，积极参与学校活动，在升旗仪式中担任演讲者，得到了老师和同学们的赞赏。

案例8

小涵同学，多才多艺，是家中的独女。小涵比较自我、强势，与宿舍同学相处关系不融洽，经常发生冲突，并且不服从舍长管理，甚至做出趁舍友不在将其衣服扔至楼下等出格行为；在上交手机时，小涵上交的是手机模型机，并拒不承认有备用机；小涵习惯于向老师家长撒谎，比如大夫建议多运动康复，但其对老师撒谎大夫建议要休息，以此来偷懒。

我与她谈话得知，小涵觉得舍友思想太幼稚，与她们沟通不来，并且从交谈中发觉她过于自我，没有集体意识。"称赞对于温暖人类的灵魂而言，就像阳光一样。"我要对她的长处优点及时表扬，并鼓励她发挥自己的长处。我告诉她，"不得不承认你是一个很有主见、综合素质很高的学生，可能别的同学的思想还没有达到你所拥有的高度，所以才发生与你交流不顺的现象。但在这种情况下，你要去帮助她们啊，你们是一个小家，家庭成员之间需要互相帮助，她们想不到的地方你要及时去提醒她们，这样你们的宿舍会变得越来越好，成为咱们班里的优胜宿舍，你可是主心骨呢。"我又结合自身的经历向她说了要珍惜与舍友相处的时间,以后想见面可能都没有机会。

对于她带模型机,我首先不是对她提出批评,如果上来就批评反而会加重她的逆反心理。我向她表达了我的不可思议,"老师万万没有想到像你这样优秀懂事的孩子会做出这样的事情来。你多才多艺,钢琴弹得那么好,在咱们学校你有一技之长多么占优势,老师觉得你的未来是无可限量的,对你有非常高的期望,没有想到你做出这样严重违反纪律的事情。老师之前如此看重你,这不是在打老师的脸吗?但老师相信绝对没有看错你,坚信你一定会做改正。"她流下了眼泪,承认了错误并主动交上备用机,保证以后不会再犯。

有一次,小涵腰部出现了问题,她对我撒谎说医生让她减少运动来恢复腰部健康,以此为由不跑操。我产生了怀疑,随后向其父母了解到医生让其多运动来恢复健康。对于这件事,我并没有直接戳穿她的谎言,而是举了一些例子,"咱们班的某同学,生理期肚子痛都忍痛参加早操,某同学之前韧带撕裂腿部有疾病还是坚持跑操,某同学脚趾受伤还是依旧没有请假,你也要向他们学习,跑操是把一晚上的浊气排出体外,强身健体,对我们有好处"。谈话之后,小涵参加了跑操,跑操后我对她提出表扬,身体不适还依旧参加跑操,这种坚强的精神非常棒。小涵露出了不好意思的微笑,并且之后再也没有出现过假装生病申请不跑操的情况,而且跑操口号喊得非常响亮。

经过沟通交流,小涵之后与宿舍学生相处变得融洽,非常有宿舍荣誉感,努力与舍友一起争得优胜宿舍。她还十分有班级荣誉感,在学校举行的班级合唱比赛中,她积极报名申请弹奏钢琴伴奏,并努力地进行练习,希望班级获奖。之后,小涵严格遵守学校以及班级规定,再无违反纪律现象,之前量化考核分数非常低的她,正在尽力地弥补之前的错误,减少扣分,并且开始积极主动地学习。

在解决班级问题的过程中,我们要坚信每一个学生都有自己的优点和长处,要用发展的眼光去看待他们,尽自己所能去培养他们成人、成才,让他们对自己有信心,拥有对未来的希望和憧憬,坚信可以挑战自我。对于小白的转变,我想说,我们要把注意力集中在孩子的优点与特长上,更多地加以渗透性的教育,多旁敲侧击,使之一步步解开自己心结,慢慢转变,将自己融入集体中去,一点点感受体验周围每一个人的善意,从而将自己的爱转移到父母、老师、同伴中去,最终消除与所有人的隔阂,健康而快乐地成长。

孩子们的成长与转变，他们对我的爱，怎能让我不感动。在今后的班主任工作中，我将投入更多的爱心，通过言传身教，感染与感化更多的学生。是的，我是幸福的，我是一名幸福的教师。

案例9

作为一名新入职的教师，同时也担任了班主任，成了45名学生的"大家长"。处理班级的小矛盾、小纠纷是我的日常工作，关注学生心理健康更是我的重中之重。所以，与学生交流沟通，成为我工作中的常态，这种常态对于一个不善交流和表达情感的理科生而言是一项巨大的挑战。我开始回想我的高中时代，想要模仿我的班主任与我们沟通的方式。我在脑海中搜索了很长一段时间，仿佛除了对我们的学习提出要求，情感上的谈心与交流便"查无此景"。于是在每次与学生交流沟通前，我都认真思考，设计自我感觉非常满意的交流沟通方案，这使得我与学生的每一段谈话都是理智而冷静的：对他们提出学习上的要求，帮助他们树立学习与未来规划。经过一段时间的交流沟通后，我认为学生一定会发生巨大的变化，我也会取得丰收的成果。但是观察一段时间后，我发现大多数学生并没有什么变化，依旧我行我素，也并没有从内心去接受我，听从我的建议。于是，我带着疑惑去请教有经验的老班主任，他们告诉我，跟学生谈话要找好谈话的切入点，直击学生的心灵。于是，我在与学生谈话前认真观察学生的性格特点，设想好与学生谈话的主题，从不熟悉到熟练，渐渐地我找到了与学生交流沟通的切入点和技巧，取得了越来越好的效果。

令我印象最深刻的第一次谈话对象是一个每天都愁眉苦脸的女生，我尝试问她："是否适应学校的生活？"我以为她会跟我谈论她的住校生活，令我没想到的是，她面无表情应付地回答道："还行。"为了使话题继续，我又问她："刚来这个学校想家吗？"她依旧小声地回答："还行。"为了改变这种尴尬的聊天，我决定先从轻松的话题入手。我真诚地看着她说道："我是你们的班主任，但我的年龄比你们大不了几岁，我们的沟通应该是没有代沟的，比如我们这个年代都会听周杰伦的歌曲，你喜欢他的歌吗？"她说："我喜欢。"我趁热打铁地问道："那你还喜欢听谁的歌曲？"说到这里，她慢慢地开始打开话匣子，跟我交流起来，跟我说她的家庭、她的一些感受。而我选择默默地倾听，并及时给予回应。谈话接近尾声时,我问她:"你知道你平常总是皱着眉头吗？"她表示自己并没有意识到。我真诚地告诉她:"一定不要皱眉头,要多笑,因为你笑起来很可爱。"听完,她害羞地笑了笑。第一次深入的师生谈话愉快地结束了,后来,她不再每天都愁眉苦脸,与别人交流时也经常露出灿烂的笑容,而我也油然地产生了极大的幸福感与成就感。我找到了与学生沟通的切入点——学生的兴趣点,渐渐地我与学生沟通的效果越来越好。

(二)家长认可与支持的幸福

一直很庆幸的是我们班的孩子都很听话,我们班的家长都能非常积极地配合我的工作。孩子的教育不仅要依靠学校教育,更需要的是家庭教育以及家长的配合。我会将班级工作及时发布到家长群,告知家长,有需要家长配合的工作,家长们都非常配合和支持,毫无怨言。

家长是孩子的第一任老师,所以孩子们身上都是折射着父母的特点。因此对于开学时的学生以及家长调查表,我会时不时地拿出来看看,他们的工作、住址、对孩子的期望等等,必要时还会打电话与家长沟通交流。单亲家庭、再建家庭或者是家里有二胎的学生是我看重的对象。对于出现问题的学生家长,他们的态度更是积极,配合学校和老师的工作对孩子严加管教。我会珍惜每一次家长会的机会,向家长传达学生的在校表现,以及家长需要在家里做的教育和工作。

每次安排班级工作,都会得到家长们的积极响应,他们都想为班级贡献自己的力量,把自己真正地当成班级大家庭的一员。每次下发重要文件,家长们都会仔细研读,一一回复。开班级家长会时,他们都会提前进入视频空间,认真听取老师的意见,十分重视班级的大小事务。我们的班级更像是一个大家庭,每逢佳节,家长都会在群里问候老师,也会互道祝福,一派和气融融。

正是因为有了积极配合工作的家长们,班集体才更温馨、更温暖、更完整、更优秀。是的,我是幸福的,我是一名幸福的教师。

四、幸福来自生活温情的感动

刚毕业的我来到一个全新的工作环境中,有着期待和憧憬,也有迷茫与不安,而学校老师们的关怀、同组老师们的帮扶、学校领导的关注以及学生的尊敬,使我真切地感受到工作环境的温馨与幸福。

进入学校后,学校领导十分关注我们新入职的青年教师,为了提升我们的专业能力,专门邀请多位专家对新入职的教师进行岗前培训。通过培训,我们明确了为人师表、教书育人的职责,认识到教师个人专业素养能力的重要性,了解了如何当一位负责的班主任,如何实现自我价值,做一位合格的人民教师。

开学伊始,学校领导开展各种帮扶青年教师发展的活动,如"师徒结对拜师""青年教师素养提升工程""青年教师基本功比赛""新教师汇报课"等,在这些活动中,我得到了老师们的帮助,提高了自己的专业素养和水平。在比赛中,我们青年教师也互相学习、一起提升。领导们对于我们的课程也十分关注,他们随时推门听课,课下给出反馈,督促和激励我们快速成长。

学校大力支持青年教师学习,定期开展校本教师培训,聘请诸多专家开设讲座,为我们争取到了许多外出培训学习的机会,引领着我们年轻教师的专业成长,提高我们的专业素养以及才干。学校的帮扶支持加快了我们的成长速度,提高了我们驾驭教师工作的能力,使我体会到了成就感,获得了幸福。

初来乍到,刚毕业的我踏上工作岗位不懂得怎样处理与同事之间的关系,人际交往能力弱。庆幸的是碰到了热心的学校同事,特别是同办公室的老师们。记得刚来办公室时,老师们都纷纷帮我搬凳子搬桌子,帮我收拾办公用品,他们仿佛在照顾一个年轻的小妹妹,无微不至,这缓解了我刚到新环境的不适。刚踏上教学岗位,我的专业能力和专业知识都很欠缺,还需要摸索,办公室的老师们给予了我极大的帮助。我的师父彭老师手把手地教会我如何教学,如何上好课,他带领同组老师反复听我不成熟的课,为我提出专业的、中肯的建议。同时我也会去他们的课堂学习。就在这样听与被听的模式下,我对如何上好一堂课有了初步的认识。

办公室的老师们也会传授我如何当好一名合格的、优秀的班主任。他们教给我他们的教育经验,帮我处理班级的大小事务。在我手足无措时,总会有他们帮助的身影。老师们也很关心我的生活状况,会对我嘘寒问暖。办公室融洽的氛围使我更加喜欢我的工作,更加热爱我的学校,每天都被幸福包围着。

教师最大的幸福莫过于得到学生的认可和喜爱。班级中的三十八朵小花都会把我当成姐姐一样，课下会与我分享他们的生活趣事或者烦恼，我们从开始的陌生到慢慢适应再到现在的信任，收获满满的幸福和感动。每个教师节，孩子们都会为我准备惊喜、为我定制蛋糕、为我录制精心的视频、为我唱出他们心中的歌"谢谢你，因为有你，温暖了四季，谢谢你，因为有你，生活更美丽……"看着三十八张绽放美丽的笑容，我深深地感到欣慰，他们的成长、他们的懂事就是我工作付出最大最好的回报。谢谢你们，让我感受到教师的魅力；谢谢你们，让我实现了自身的价值；谢谢你们，让我深深地感受到幸福！

习近平总书记说过："奋斗本身就是一种幸福。只有奋斗的人生才称得上幸福的人生。"我会为自己的信仰和职业理想去奋斗、去拼搏，不断提升自我，提高专业素养，以自己的学识和品行去影响他人，热爱我的教师岗位，将讲台作为自己实现教书育人梦想、施展个人才华、实现自我价值的舞台，这是我职业幸福最大的来源。

是的，我是幸福的，我是一名幸福的人民教师！

案例 10

与学生一起生活成长的幸福——研学

刚入学的第一个学期，我与学生开启了一场特殊的旅行——研学。

2016 年 12 月，教育部等 11 部门联合发布《关于推进中小学生研学旅行的意见》，把研学课程作为我国基础教育领域人才培养模式的重大创新举措，列为中小学教育教学实践的重要组成部分。很多学校把研学课程列入学校的必修课程计划。

中小学生的研学和成人的旅游不可同日而语。成人旅游每到一个景点，总希望多看几个点，而研学旅行更希望抓住一个点，把这个点变成主题让学生深入研究。与旅游相比，研学旅行做得更窄、更深入。研学旅行需要完成教育的目标。育人不仅仅是教知识，还要教会学生做人，将学生带到社会大课堂中，带到大自然中，开阔眼界、增长知识、提高社会责任感和实践能力。当然，在这个过程中也得满足孩子学习、生活、旅游的需要，引导孩子养成文明旅游的习惯。这些都不是仅在学校教育中就能完成的，所以，研学旅行的价值是多方面的。研学旅行有无研学课程并不重要，重要且必要的是研学主题。研学真正进入教学中，需要有一个主题，在这个主题下学生学会动手、动脑、生活，形成良好的世界观，培养学生的核心素养。这才是研学旅行的价值。为了对学生进行全方位的教育，在高一我们进行了一次印象深刻的研学旅游——台儿庄与曲阜之行。在接任新的班级2个月后，我们收到了学校下达的研学通知，而我对研学的了解也是知之甚少，出发前，学生们十分期待与激动，而我的职责是在旅途中对学生进行教育，并且将学生们安全地带回来。在研学的过程中，学生是否能跟上队伍，是否吃饱穿暖，晚上是否规律作息，有没有学生感到身体不适等，每一项都是班主任需要认真观察、认真考虑的。等待学生入睡后，班主任们再次聚到一起考虑今天的事情安排是否周到、第二天需要注意什么，感觉每一天都非常疲惫，但是也要坚持下来。几天的研学终于接近尾声，我惊奇地发现这次研学快速拉近了我和学生们的距离，在我对学生的关心中，也收获了学生对我的喜爱。那几日的研学非常辛苦，但也非常充实，而我在研学过程中与学生朝夕相处，提升了我处理事情的能力，感受到学生的青春气息，收获了学生满满的爱，幸福感油然而生。

对教师这一职业而言，幸福感就是在从事教师职业的过程中产生的一种心理体验和感受。不断探索教育真谛、思考教育现象这个过程，在有些人看来是那么艰辛，但真正爱教育的人品尝的不是艰辛，而是幸福。一种通过与学生的交往，使教师不断享受教育带来的源源的幸福。首先，教师的幸福来自学生的成长和进步。教师们有可能付出了很多，但同样也会收获更多。教师们可以从学生那里获得一种满足、收获一份感动、收藏一份纯真。这种体验，本身就是一种幸福，也是只有教师才会拥有的一种财富。其次，教师幸福感来自付出与收获。教育是一项充满爱的事业，教师对学生充满爱，学生也会用爱来回报。教师的幸福感还来自自身的专业成长。这种专业的成长，不仅是专业知识的成长，也应该包括专业精神、专业修养、专业知识和专业技能等方面。教师的幸福感还来自自身平和的心态。幸福总是相对的，不同的期待、不同的标准会有完全不同的幸福感受。教师要以平和的心态来面对教学压力。教师的工作千头万绪，繁重琐碎，拥有平和的心态，就能把压力转化成动力。如果教师没有一个平和的心态，那将会心理不平衡，而无心于教育教学工作。教育是为了人的幸福，教师，是一个特殊的职业，它关乎心灵，关乎生命，关乎成长。

案例 11 ▶▶▶

名师引领成长的幸福

2020 年,我很荣幸地成为赵丽名师工作室的一员。我深深感受到名师深厚的专业素养、热忱的工作态度和乐观向上、积极进取的人格魅力;感受到工作室伙伴们孜孜以求的精神,勤于实践、勇于探索,感受到这个集体带给我的喜悦和收获。

走进工作室学习,让我重回"学生"身份,体验学习的快乐。在跟随名师学习的过程中,我时时感受到名师对我专业成长的帮助。问题式的课堂、合作式的探究、激情四射的语言、高屋建瓴的见解、精妙的习题设计、适时精到的提示,无一不彰显着名师高深的专业造诣,渗透着她的激情探索与创新。同时,她更看重集体的合作。每次教研活动,不管是听课还是评课,作为一名众望所归的主持人,名师更希望把每一位成员都视为合作者。不仅让大家感受到她对教研的全情投入和理性思考,更重要的是,她总能不自觉地用激情点燃我们的激情,用智慧启迪每个人的智慧,让我们同样心潮澎湃,碰撞出思维的火花。这种和谐热烈的教研氛围,给了我们一种积极向上的力量,使我们感受到集体智慧开发的快乐,并随时体会到成长的幸福!

同时,她勤奋敬业的精神和谦虚谨慎的高尚人格,成为我们学习的榜样。在学科研究和做人做事上,名师从不讲大道理,而是身先士卒,以身作则。名师为人亲切、热情,谈话时让人如沐春风,工作中更是激情四溢,乐于钻研创新,常常使我自愧不如,甚至在运用多媒体教学、承接公开课等方面,都走在了我们青年教师的前面。在工作室的学习过程中,每每遇到困难,名师的鼓励与点拨,往往使我茅塞顿开,豁然开朗。她不厌其烦、毫无保留地引导我们,用实际行动演绎着"不计名利,甘为人梯",用实际行动教会了我们"为人师表,必有大爱"的道理。

我们工作室是一个团结协作、乐于学习的团队。工作室学习内容丰富,形式多样,既有理论学习,又有名师示范课。回顾学习过程,既有思想上的洗礼,又有理论上的提高;既有知识上的积累,也有教学技巧的增长。

一年来,名师经常提醒成员要多看书,多思考,以积淀我们的思想。推荐教育教学的书籍供我们学习、研究,并进行交流讨论。其中,通过新课程改革和高效课堂理论学习,我对新课程改革认识更加深刻,对高效课堂的理解也逐渐走出了一些形式上的误区,课堂改革出现了不少亮点。

名师工作室给我们提供了一个发展创新的机会,提供了一个平台。在名师工作室的带领下,我们增强了前进的动力,使自己的潜能得到更大的激发,为我的教学注入了新的活力。在工作室的一年多时间里,名师点拨,同行交流,理论与实践相结合,使我在常规教学中收获颇丰,让我感受到了不断前进的幸福与快乐。

第三章

合格教师的幸福

第一节　合格教师专业发展阶段的理论研究

教师合格是教师职业发展的一个重要阶段。所以,与合格教师有关的教师专业发展阶段,是有必要进行讨论的。

一、国外相关研究

目前,国外专家对教师专业发展阶段划分成果丰富但见解不一。虽然合格教师的表述方式作为专业发展某一阶段的理论研究较少,但我们可以通过各种不同的划分理论,探析合格教师的发展阶段。

1. 富勒关注阶段理论

20 世纪 60 年代,美国学者富勒(Fuller F)首先提出关注四阶段理论,即任教前关注阶段、早期生存关注阶段、教学情境关注阶段、关注学生阶段。根据关注事物的不同,合格教师应是经历了教学前关注阶段和早期生存关注阶段,焦虑与紧张逐渐消失,对教学的内容精通熟练,开始能够把所学知识和能力技巧灵活应用于教学情境,但是处于此阶段的教师,对学生的关注还有较大的发展空间。富勒的研究理论只是从关注的事物这一个角度探索了教师的发展,尽管不够完善,但引发了众多学者涉入该领域,此后几个影响力较大的经典理论相继涌现。

2. 卡茨与伯顿的教师发展阶段论

美国学者卡茨以学前教师为调查对象,运用访问与调查问卷法,结合训练需求与专业成长目标,把教师的发展划分为以下四个阶段:求生存时期(Survival)、巩固时期(Consolidation)、更新时期(Renewal)、成熟时期(Maturity)。

与卡茨相同,20世纪70年代末80年代初,美国俄亥俄州伯顿的理论依旧未提及成熟教师未来的发展。伯顿通过对小学教师访谈数据与资料的整理归纳,提出教师发展的三阶段论:求生存阶段(Survival Stage)、调整阶段(Adjustment Stage)、成熟阶段(Maturity Stage)。在他的理论中,调整阶段是进入教学的第二年至第四年,教师能够感觉到自己能力的提高,也能满足不同学生的各种需求。而成熟阶段是五年及以上的时间,教师们经验丰富,能够熟练进行教学互动,并且能够处理大多数可能发生的新情况,更加关注学生和师生之间的交流,并不断追求创新方法。依照伯顿的描述,合格教师可以对应到调整阶段,亦可以理解为调整阶段到成熟阶段的过渡阶段,此阶段的老师已经熟悉自己的工作岗位,并且能够游刃有余地应对教学过程中发生的事情。

3. 教师职业生涯周期理论

1985年,费勒斯采用社会学的研究方法,从人类生命周期的角度提出"教师职业生涯发展周期模型"的八个阶段,生动地刻画了教师在整个职业生涯中的发展和变化。即职前阶段、入职阶段、能力形成阶段、热心和成长阶段、职业挫折阶段、稳定阶段、生涯停止阶段、生涯退出阶段。

在费勒斯的理论中,第二阶段是教师任教的前几年,在日常例行的工作中,每一位老师都在寻找学生、同事以及领导的接纳,并在日常事务和教学中寻找认可。能力形成阶段的教师积极努力充实自己的知识,提高教学能力和技巧,接纳新的理论观念,通过各种活动不断完善自己的教学体系。热心和成长阶段的教师已经具备较高的教学水平和能力,对工作十分热爱和满足。通过以上分析,合格教师约处于第二阶段与第三阶段,在已经能够应对日常教学活动的同时,仍不断完善自我、探索创新,同时渴望来自外界的肯定和进一步的引导,追求持续的进步和成长。

司德菲(Steffy B)依据自我实现理论,建立教师生涯发展模式的五阶段理论,吸收了费勒斯等人研究成果的优点,同时又有突破。他将教师的发展分为五个阶段:预备生涯阶段、专家生涯阶段、退缩生涯阶段、更新生涯阶段、退出生涯阶段。预备生涯阶段的老师主要是指新任教师,他们充满活力与创意,乐于接纳新鲜事物,拥有积极进取和乐观向上的心态,还颇具理想主义。而专家生涯阶段的教师,已经具备较高的教学能力与技巧,可以有效地管理班级和时间,对学生的掌控度也比较完善。在这两个阶段中,教师经历了达到合格标准这一过程。

休伯曼(Huberman, M.)提出五阶段主题理论:求生与发现期、稳定期、尝新与自疑期、宁和与寄售期、游离闲散期,他明确指出入职1—3年的教师处于职业生涯进入期,此时,教师在对待自己的班级和学生以及教学设计时不仅富有积极性和热情,还面临着能够胜任复杂和不稳定课堂的困惑。处于这个阶段的教师面临着生存和适应角色的问题。工作时间为4—6年的教师处于生涯稳定期,在该时期,教师对教学事物已经熟悉,具备自己的教学风格,尝试着使用新的教学方法,具备一定的自信和自我认可带来的愉悦。笔者认为合格教师比较接近该理论的稳定期阶段。

4.教师专业发展阶段的其他理论

伯林纳(Berliner)较为细致地把教师专业发展划分为新手阶段、进步的新手阶段、胜任阶段、熟练阶段和专家阶段五个阶段,其中第三个阶段,是指教师能够对事情做出适当的反应的胜任阶段,体现的是教师信息加工的能力。

本纳(Benner)的"新手、高级新手、胜任者、精熟者和专家"五个阶段理论与伯林纳不谋而合,本纳认为胜任者阶段的教师个体具有了更加宽泛的知识基础,并且能够运用理论指导现实情境,能够基于较为可行的理论基础进行活动方案的设计;能够独自对现实情境中的信息进行分类,获取区分重点和非重点信息,而且能够对客观情景做出适当的评价;遇到突发事件时,知道如何寻求帮助;技术掌握程度已经熟练,并能够维持一定的稳定性。

受现代认知心理学的影响,德耶弗斯(Dreyfus)认为教师的发展可以划分为新手阶段、优秀新手阶段、胜任阶段、熟练阶段和专家阶段。前两个新手阶段的教师教学还不是很成功,进入胜任阶段的教师,由于教学经验的积累,能够很好地完成教学任务,但是还不能很好地与他人相处,但是到达熟练阶段的教师,已经工作了大约五年以上,在这个阶段,教师已经对教学情境产生了直觉感受,并且预测的准确性不断提高。

通过以上分析,我们可以将合格教师的阶段划归于三位学者理论中的第二阶段,与新手教师相比,合格教师已经在专业发展的道路上前进了一段路程,但是仍有很大的发展空间。

二、国内相关研究

在借鉴国外相关研究以及依据我国国情的基础上,学界面对各种研究视角与方向展开了大量探索,许多学者都提出了不同的教师专业发展理论,主要有三阶段论、四阶段论、五阶段论等,大致可分为五类:职业生命周期标准及其框架、心理发展标准及其框架、教师社会化标准及其框架、"关注"标准及其框架和综合标准及其框架。

1. 教师专业发展的三阶段理论

中国最早对教师专业发展理论进行研究的是台湾学者王秋绒教授,他通过研究教师专业化的过程提出教师专业发展的三阶段:师范生、实习教师和合格教师。合格教师又分为新生期、平淡期和厌倦期。

傅道春将教师职业成熟分为角色转变期、开始适应期和成长期,殷国芳等将教师成长分为适应期、稳定期和创新期。连榕等人认为教师分为新手、熟手和专家教师。新手教师指入职五年内,职称三级及以下的青年教师,熟手主要指从教5年以上,已经能够按常规熟练地处理教学问题但教学创新水平不高的教师。合格教师应处于新手教师的后期至熟手教师的前期阶段。

研究结果表明,一般情况下新手教师积累一定经验后,会成为熟手教师,但熟手教师不一定能够成为专家。从新手教师的后期阶段,开始初步胜任教学工作到能够胜任常规水平教学的熟手阶段,虽然对自己有了自我肯定,但是也开始产生一些苦恼、无助、焦虑等消极情绪,职业信念还未牢固树立。

2. 教师专业发展的四阶段理论

由于不同人的认识不同,三阶段和四阶段论并存,有的学者将教师发展阶段划分为四个时期,也得到许多学者的认同,比如:

准备阶段,从开始考虑教师职业及接受相关培训起,包括师范学校的学习和入职前的培训。新手发展阶段,指教师入职后,在生存压力下开始加强专业化发展,将在校学习的知识和理论,应用于实践之中,努力完成教学任务并期待得到专家认同的阶段。成熟阶段,教师在能够成功应对教学工作的基础上,关注点转向学生,更加灵活地运用教育方法创新教学模式,进入一个新的阶段。专家阶段,教师形成独特的教学思想和教育模式。这种划分模式将入职前的时期包含进来,而其他研究大多是从入职开始划分的。

申继亮提出,教师在学徒期逐渐熟悉教学内容、对象和任务等,适应教学环境,积累经验,重新转变为一个比较独立的教师,并进一步发展的时期是成长期,合格教师就是在这个过程中出现的。同时,研究表明教师职业能力是教师职业发展的核心,这一研究结论也与伯顿的阶段理论相吻合。

胡继飞教授创新了研究视角,从学科教学核心素养的角度来建构教师专业成长的金字塔模型,提出在教师专业发展的不同阶段,其核心素养应有不同的侧重点。根据教师的学科教学核心、心智修养与教师专业,进一步可概括为"专业知识积累→教学技能培训→教学策略优化→教学学习模式的构建→教风的形成→教育理念的积累",每个阶段的数量都会逐步减少,构成教师职业发展的"金字塔模型"。该模型由四个阶段和六个级别组成,每个阶段都有自己的阶段和级别关键能力和核心素质。合格教师阶段注重专业知识和教学技能,这是金字塔的最底层也即第一阶段。后面三个阶段分别是骨干教师、名师和教育家。

依据教师职业发展的成熟度,吴志刚等研究者将青年教师专业阶段划分为转变适应阶段、稳定发展阶段、分化发展阶段和相对成熟发展阶段。经过第一阶段的老师可以达到熟练新手的程度,进入稳定发展阶段,该阶段在工作4~6年,逐渐成为胜任型教师。王晓梅在时间的划分上,与其不同,他认为青年教师3~5年就可以适应学校的节奏,开始胜任教学工作,并且情绪较为稳定,是教育思想和心理素质形成的关键阶段,也是成为骨干教师苗子初露端倪的时期。

罗琴等也将教师专业期划分为四个阶段:适应期、发展期、成熟期和持续发展期。经过适应期,教师已经完成了身份角色和技能的转换升级,能够胜任教学工作,成为一名合格教师。此阶段,教师要多反思如何提高实践能力。

从反思能力的视角,吴卫东等认为:教师可以划分为新手、适应型、成熟型和专家型;针对适应型教师,提出他们已掌握基本的教学技能,并且可以在教学环境中熟练地应用,但是还缺少综合运用各种教学要素、灵活使用教学策略的能力,需要重视这方面的反思。

通过对四阶段理论的分析,虽然划分的依据不尽相同,但从多个角度来看,合格教师大约处于发展的第二阶段,较为优秀的甚至已经发展至第三阶段。

3. 教师专业发展的五阶段理论

我国学者在已有研究结论的基础上,依据不同的标准,将教师发展又细化为五个阶段:

叶澜和白益民教授根据"自我更新观"提出教师专业发展五阶段论:"非关注"阶段、"虚拟关注"阶段、"生存关注"阶段、"任务关注"阶段、"自我更新关注"阶段。研究主张新任教师在经历了"现实的冲击"后,找到了能够维持最基本"生存"的知识和能力,逐渐进入"任务关注"阶段,教师的自我发展意识朝着积极方向发展。

北京师范大学教授钟祖荣依据教师的素质和能力,通过对部分教师进行问卷、访谈和调研,揭示教师专业发展的五个阶段:适应期(工作的第 1 年)、熟练期(工作的第 3—5 年)、探索期(第 10 年左右)、成熟期(第 15 年左右)、专家期(第 20 年左右)的特点、需求以及关键事件和人物。经历了适应期的教师可能已经成为一名合格教师,也可能在熟练期才成为一名合格教师,但是熟练期结束后,教师应该已经成了熟练教师。

王铁军等综合教师成长中的各方面因素和总体专业发展水平,将教师成长划分为:入职适应期、成熟胜任期、高原平台期、成功创造期和退职回归期。他提出一个教师真正完全适应教师岗位,成为合格教师需要的时间一般是 5 到 10 年,适应性强的老师只需要 3 至 5 年。这一阶段,他们逐渐调整自己的知识结构,努力在实践中掌握教育教学规律,形成教学技能,增强教学能力,为日后的持续发展打下了坚实的基础。这个阶段,如果能够学习先进教师的教育教学和管理技巧,给予时间和空间的支持,他们的适应期会大大缩短。这个阶段是教师成长中的关键时期,决定着教师能否成长为名师。

傅树京的研究则分析了处于不同发展阶段的教师培训模式,与职后培训相联系的专业发展阶段可分为适应、探索、建立、成熟和平和五个阶段。适应期的教师培训应注重角色的转化,能力的转化,知识体系的转化,进入探索期,从教二年后的教师已基本适应了中小学的教学工作,成为一名基本合格的教师,此阶段的教师需要完成角色的实现,确定发展方向,提高教育教学技能,解决疑难问题。姜勇等人以"教师自主"的视角划分教师发展阶段,分别为新手—动机阶段、适应—观念困惑阶段、稳定—行动缺失阶段、停滞—缺乏动力阶段以及更新—动机增强阶段。适应—观念困惑阶段的教师工作 2～5 年,已经积累了不少教学经验,也具备了教育智慧,与学生沟通顺畅,但是自主发展观念不强,一名合格教师往往也呈现这种特点。

通过分析教师专业发展的五阶段理论,我们发现合格教师的成长阶段处于整个职业生涯的前端,褪去了新教师的稚气,也有了一定的教学经验,教学能力得到了很大的提升,是未来教师队伍的希望。

4. 教师专业发展阶段的其他理论

随着时代的发展和研究视角的丰富,研究也越来越细化,呈现出更加多样的结论,有的学者认为教师的专业发展可以划分为六个阶段甚至更多。比如:

裴跃进从教学体系、自我体系、组织体系等角度对教师发展阶段的基本内涵进行梳理和探究,并将教师专业发展阶段分为八个阶段:准备期、初始期、适应期、胜任期、成熟期、创建期、稳定期、退避期。

周景坤根据高校教师的学术性、教育性、管理性、社会性、创新性五个维度标准,提出高校教师专业成长的六阶段:职前、新手、适应、成熟、专家和引退。新手阶段教师经过教学经验的积累可能成长为一名合格教师,但是此阶段教师的学术性、社会性、教育性和管理性得分都不高。适应阶段的教师是达到合格标准的教师,目标是成长为成熟型教师。这个阶段的合格教师开始对创新教育产生兴趣,并开始尝试更多的社会服务工作。还有学者提出八阶段论等,在此不再详细阐述。

目前我国学者对教师专业发展阶段的理论研究尚未达成一致,对教师专业成长阶段划分标准的选择主要从某一维度的指标(如生命周期、心理发展、社会化、教师关注、自我更新等)进行划分,综合国内外学者对教师专业发展阶段理论的研究,我们可以看出:合格教师是教师专业发展的动态过程中前期阶段的结果,具有该阶段的独特性。笔者特别建议用发展的眼光来识读这一时期的教师,以面向未来的前瞻性眼光,给予精心呵护和培养,为明日之名师打下良好的基础。

第二节　合格教师的标准

各国对教师标准的关注自古就有,而对教师"专业"标准的研究却是在教师专业研究的背景下进行的。到 20 世纪 80 年代,教师职业标准已经形成了自己的研究领域。英国、美国、法国、德国等欧美发达国家都实行严格的教师职业准入制度,各国都制定了相应的入职标准,对合格教师通过专门的培训和考核进行认证。

一、国外合格教师的专业标准

1. 美国

1954 年,美国全国教师教育认证委员会正式宣告成立,开始承担全美教师教育机构的资格认证工作。2006 年该组织对新教师的认证标准进行了明确规定。另外,美国全国教学专业标准委员会制定了教师的在职标准,标准指向优秀教师。该委员会提出五个方面的评价标准:教师对每个同学的学习负责;教师必须熟练掌握学科知识以及教育学知识,了解学科知识发展脉络,并能与其他学科联系且运用于实际情境中;教师应具备一定的组织管理能力,能够运用适当的教学策略吸引学生的注意力,组织学生投入学习活动中;教师应善于反思,不断改善自我教学实践;教师应加强合作学习发展,提高教学效率,促进自身不断进步。

2. 英国

英国教师专业标准制定经历了前教师专业标准阶段、合格教师专业标准阶段和"一体化"专业标准阶段。下面简单介绍合格教师阶段与"一体化"阶段合格教师的标准。

1988 年,英国教育和科学部公布了《合格教师身份》文件的。1989 年,教师教育资格认定委员会(简称 CATE)公布的《教育(教师)条例》中明确规定,只有取得合格教师身份的人才能进入公立中小学任教。之后,英国政府不断修订和完善合格教师资格标准,对合格教师严格按照教师资格标准进行培养和选拔。1998 年,英国颁布了《教学:高地位、高标准,职前教师培训课程的要求》,文件从"学科知识与理解""教学法知识与理解"和"有效教学和评价方法"对教师合格的标准进行了规定。同年颁布的《教师资格证书授予标准》围绕"知识理解""计划、教学管理""监测与评价"等方面对合格教师进行了详细叙述。2002年,英国教育与技能部和教师培训署联合颁布《合格教师:教师资格的专业标准和入职教师的培训要求》,强调"专业价值观和实践力""知识和理解"和"教学"三个方面的素质。

随着政府将注意力分别放到教师发展的各个阶段,针对不同阶段的专业标准逐渐颁布。2006年发展司(TDA)与学校培训制定了合格教师、初任教师、资深教师、优秀教师和高级技能教师五个时期对应的专业标准,并从专业质量、责任,专业知识理解,教授学习和评价三个方面进行详细论述。2007年重新梳理和修正了专业标准,从专业特质、专业知识和理解、专业技能三个方面进一步规定,表达愈发清晰,成为英国现行的教师专业标准。

3. 澳大利亚

澳大利亚通过2011年统一的《澳大利亚教师专业标准》(APST)完成对教师专业能力的定义。合格的教师,正如其名字所示,符合职业的基本要求。澳大利亚教学与学校领导协会(AITSL)是由澳大利亚教育、儿童发展和青年事务部部长理事会(MCEECDYA)制定的全国职前教师教育课程认证、教师专业标准制定、教师教育质量保障的权威机构,具有专业引导与政策咨询功能。2011年,AITSL颁布的《澳大利亚教师专业标准》从专业知识与实践以及专业参与三个方面共七个维度,分别对准教师、胜任教师、优秀教师和领导型教师进行的阐释。合格教师是所有教师的必经之路。随后各州颁布的标准更加具体和细化地提出有关政策指引。

专业知识方面,合格教师应掌握的专业知识主要是学生的知识和学科知识。即知道学生的学习方式和特点,并据此展开教学活动。另外还需要掌握一定的信息技术,增加学生的学习范围和机会。专业实践要求教师在专业实践中,具备设计课程、评价学生学习和改进教学实践的能力;知道如何及时选择合适的反馈形式,以促进学生的学习;制定切实可行的策略,与学生建立融洽关系并管理学生的行为,了解如何按照学校课程要求和规定开展教学工作,并支持学生的幸福和安全。关于专业的参与,有资格的教师,明确专门的学习需求,可利用的资源和持续的专家培养的重要性,认识到教育实践,为了改善其他教师的建设性的建议，要求专业伦理的指导下教学方法有必要知道学校的管理、教师的专业知识和实践上的利害关系方扩大的作用。

4. 新西兰

新西兰的教育发展较早，非常重视师资培养。在新西兰，教师的资格分为：新教师、课堂教师和有经验的教师。中学教师专业标准分三个层面进行描述，其中注册教师指已经从事教育工作至少两年，具备高水平的胜任日常教学工作的能力。标准从专业知识、发展、教学技巧、学生管理、激励，毛利教育、有效沟通、支持同事与合作以及对学校的贡献几个方面进行叙述，对我国的教师专业标准制定提供了积极的借鉴意义。

除此以外，其他国家如越南小学教师的专业标准是分为人格意识形态及政治观点、知识及教学技能三条主线展开的，并分为新教师到高级教师的两个层次。综合各国的教师专业标准都体现了终身学习的理念，重视教师的专业品质、伦理道德、强调教师深厚的文化知识基础以及过硬的实践能力，但是同时，我们发现标准的制定是依托于特定的文化，每个国家的标准都有其独特性。

二、国内合格教师的专业标准

我国教师专业标准研究起步较晚，始于21世纪初，但发展较快，研究成果无论从数量上还是质量上都已初见成效。特别是2012年，我国正式颁布了《幼儿园、小学、中学教师职业标准（试行）》3项，对幼儿园和中小学教师的职业素养提出基本要求，正式开启了教师职业标准改革之路。

我国也有一些学者提出要基于发展阶段界定教师的专业标准，有区分地对教师进行评价，并且采取不同的评价标准。下面对与合格教师有关的评价标准进行简单介绍。

张文华将教师的层级划分为新手教师、骨干教师和专家型教师，并指出骨干教师应具备扎实的基本功，教学效果良好，逐渐形成专业思想和风格，能够胜任常规教学工作。梁红京的研究将教师分为初任教师（1—5年）、资深教师与不合格教师，资深教师又包含一般教师和优秀教师两类。对基本合格以及达到熟练表现水平的教师专业能力进行的论述，主要有计划和准备、课堂环境、教学、职业责任五个维度。对熟练教师的评价，有研究主张从以下几个方面的内容展开：先进教育理论的学习和应用、丰富的教学和课程知识、教学技能和策略的整合和应用以及对教学实践的反思能力。

张丽珍的研究是基于教师专业发展的四个阶段：初任教师、胜任教师、成熟教师以及专家教师，构建中小学教师专业发展的标准，从专业知识、专业技能以及专业态度三个方面组成了内容标准，包括十四个标准领域。在专业态度方面，胜任教师能够理解教师的职责，执行学校政策，具备反思能力，对个人发展具有规划和主动意识，能与他人进行合作。在专业知识方面，胜任教师能够通过有效及丰富的教学内容和活动计划来开展教学，能够根据学生的特征，展开教学工作，能够激发学生的学习兴趣，帮助学生进步。能够运用教学理论因材施教，综合运用教学去展开工作。在专业技能方面，胜任教师，能够与学生和领导营造互相帮助的和谐学习环境，能够创造学生参与的机会，合理规划教学进程和内容，有效开展教学工作和组织教学活动，能够进行良好的评价和反馈，并与他人展开有效合作。

2012 年我国颁布《幼儿园教师专业标准（试行）》《小学教师专业标准（试行）》和《中学教师专业标准（试行）》，2013 年颁布《中等职业学校教师专业标准（试行）》，四个不同学段的基本理论都体现了师德为先、学生为本、能力为重、终身学习的思想。基本内容分为专业理念与师德、专业知识、专业能力三个维度，职业理解与认识、对学生的态度与行为、教育教学的态度与行为、个人的素养与行为、教育知识、学科知识、学科教学知识、通识性知识、教学设计、教学实施、班级管理与教育活动、教育教学评价、沟通与合作及反思与发展十四个领域，以及 62 条基本要求。作为引领教师专业发展的基本准则，此次标准的内容虽然没有依据不同发展阶段划分不同的标准，但是从整体上体现了国家对合格教师的基本专业要求。

我国著名教育家张敷荣认为理想的合格教师应该是经师与人师的完美结合。先生强调合格教师应该具备扎实的专业知识和教育理论，才能为国家培养出具有竞争力的一流学者和人才。再者，一个教师应具备良好的道德情操和高尚的人格魅力，两者完美结合才能造就出理想的合格教师，这与我国教师专业标准的内涵是一致的。随着时代的发展，对教师专业知识、专业能力的要求是动态变化的，但是对师德态度的要求却是永恒的。

所以，当下我们对合格教师的理解，仍然离不开首要原则，即师德为先，但同时,也不能缺乏基本的教学专业知识和能力,更应该具备与时俱进的眼光,终身学习的意识和行动,以此,才能够提高教学质量,达到优质的学习效果,为国家培养高质量的人才。下面结合四个基本理念谈谈一名合格教师的内涵。

1. 师德为先

首先,一名合格教师应该忠于党并热爱自己的事业,渴望实现自己的职业理想。在执教过程中,践行社会主义核心价值观,并遵守教师职业道德和法律法规,为人师表。

2. 学生为本

一名合格的教师,要牢记"以人为本"的教育理念,教师要充分引导学生发挥主体能动性。这需要教师掌握学生身心发展的特点以及教育教学的规律,以便组织学生快乐学习,健康成长。教师需要熟悉掌握教育学、心理学的基本原理和方法,需要对学科知识了如指掌,并能够抓住学科知识间的联系,与其他学科的联系,与实际生活的联系,结合学生年龄特征、群体特征、思维方式、行为方式等特点,在课程标准的指导下,灵活使用教学资料,合理设计教育教学活动,充分体现学生的主体性。

其次,在与学生的交往过程中,尊重学生的独立人格,以仁爱之心为基础,辅以耐心、责任心和细心,在尊重学生身心发展特点的规律和基础上,实施教学活动。尊重不同个体的差异性,保护学生的好奇心和兴趣爱好,创造自由、鼓励创新的氛围,引导学生发挥主体能动性,发展自主思考和解决问题的习惯,提高社会适应性。第三,在与学生、同事和领导的交往中,保持乐观积极的心态,热情开朗,亲和待人,能够调节自我情绪,保持心境平和,积极合作交流,不断学习进步,用人格魅力和丰富学识教育和感染学生。

3. 能力为重

一名合格的教师,应具备一定的专业能力。专业能力主要可以从教学设计、教学实施、班级管理、教学评价、沟通合作与反思发展谈起。目前,学生的心理健康问题日渐凸显,所以一名合格的教师还应该具备心理健康教育的能力。下面逐一进行阐释。

首先是教学设计能力,一名合格的教师应该能够科学合理地设计教学目标和计划教学实施方案,并合理利用教学资源和方法对教学过程进行精心设计,力求教学目标可评可测,教学活动高效有趣。一名合格的教师还应是学生学习的帮手和陪伴者,能够针对不同学生的学习特点和程度,与学生共同制定学习方案。在教学实施方面,一名合格的教师应该能够创设良好的学习环境,激发学生的学习兴趣,采用多种学习方式,提高学生的参与程度,并能够根据课堂反馈及时调整教学进度,改善教学策略,借助现代化技术手段提供学习支架,发展和培育学生探究问题的能力,培育创新力。在班级管理方面,一名合格教师的班级应该是融洽和谐的,不管是师生之间还是生生之间都能够友好相处。

除此之外,一名合格的教师要有效地对学生展开心理健康教育和德育,为学生的个性发展保驾护航,指导学生学业、心理、思想等多方面的成长进程。在教育评价方面,一名合格的教师应注重多元评价和全过程评价,并利用现代化科技手段实施动态评价,合理使用评价结果,进行教育教学工作的调整和改进。在沟通合作方面,一名合格的教师应具备和学生平等交流的能力,与同事合作交流的能力,与家长有效沟通的能力,以及与校外团体合作互动的关系。在反思发展方面,一名合格的教师应该是乐于并善于反思。能够主动收集相关信息,针对教育教学工作中的现实问题和发展需求,不断进行探索和研究,能够自主制定发展规划,积极参加教师再教育,不断提升个人专业素养。最后是心理健康教育能力,教师不仅传道授业解惑,还应该守护和促进学生的心理健康。因此,教师要能够准确判断学生的心理特征,才能对每个学生的发展贡献最大限度的力量,所以教师需要具备心理健康教育知识并掌握沟通技巧,这无疑是现代教育对一名合格教师的新要求。

只有具备了以上能力,一名教师才可以被称为合格的教师。

4.终身学习

一名合格的教师,要跟随时代的发展,不断更新自己的教学理念和教育方法,时刻牢记为国家培养人才。要在长期的社会实践中,不断优化自己的知识结构,借鉴国内外优秀的教育教学经验和理论成果,不断提高自己的育人水平。具备终身学习的意识和持续发展的能力,并以实际行动影响学生,做学生的榜样,做一个乐学、善学的老师。

另一方面，一名合格的教师是能够掌握发展主动权的教师。合格教师基于对"以人为本"的教育本质特征和属性的理解，将这一理念反映在教师教育领域，也需要教师个体认识自己的角色地位，充分发挥自己的主观能动性，实现自主成长和发展。

5. 身心健康

由于教师的工作是一项复杂的智力和体力工作，因此，要成为一位合格的老师，必须具有下列素质：

（1）身体好，耐力强

教师的劳动是艰苦而复杂的，它的内容也很广泛。为了积累知识，他们必须进行长时间的研究，为了准备课程，他们往往要在书桌前坐上数个钟头，上课的时候要一直站在讲台上。要想把一个学生培养好，就必须有足够的耐心和时间。如此长时间的高强度工作，没有强壮的身体做底子，没有坚强的毅力，是无法完成教学工作的。

（2）听力好，嗓门大

这是一个教师最基本的要求。教师要想进行正常的教学活动，必须清晰、清晰、清晰，否则，没有良好的传播和接收反馈的渠道，就会丧失作为一个老师应有的素质。

（3）反应迅速，精力旺盛

这就需要教师在教育和教学中，从细微的现象中把握学生的思想动态，快速做出反应，快速分析和综合。

（4）心理健康

这对更好地教育学生来说是必不可少的。由于心理失衡会影响学生的心理健康，造成师生关系的不协调，课堂氛围不和谐，学生焦虑、烦恼、抗拒、挑衅等心理失调。另外，在知识爆炸的年代，没有良好的心态，会使老师的脑力负担变得更重，更容易产生压力。对于那些思维活跃、性情开朗、情绪开放、容易接纳新事物的新生代来说，他们很难理解，也就不能进行有效的教育。

综上所述，合格教师是保质保量完成教学任务的基本保障，也是教师专业发展的必经之路，每一名教师都要经历新教师到合格教师的角色转变过程，如何促进这一过程的发生，提高教师成长的速度和质量，下面我们将进行简单的讨论。

第三节　新时代合格教师的发展路径探析

当前,我们正处于中国特色社会主义建设的新时代,教师担负的"时代重任"是什么？党的二十大报告提出,要"全面提高人才自主培养质量,着力造就拔尖创新人才,聚天下英才而用之",这对教师素质提出了更高的要求和期待。如何才能成为一名新时代合格教师,需要多方面共同努力,国家政府部门要为教师成长搭建平台,强化制度保障,营造良好的社会环境氛围,激发广大教师的内在发展动力,并转化为实际行动。因此,可从以下几个方面作出努力。

一、国家层面

(一)建立健全合格教师的资格认证制度

1. 制订符合条件的教师资格的切实的标准

教师的合格评定是成为一名教师的必备条件。欧美各国,如英、美、法、德等国,均建立了较为完备的合格师资标准,通过一系列目标明确、具体可行的指标来确定合格教师的要求,并以此作为合格教师的培训与评定的基础,从入职源头保证了教师的素质和专业水平。

相对来说,我国的教师资格制度在全国范围内是通用的,但是在国内却没有一个统一的师资资格标准,而且其素质标准也比较低。比如,发达国家将其定为学士,并将其扩展到硕士研究生教育,而我国的小学教师是中师,初中是大专,高中教师和中专教师是本科学历。另外,我国的教师资格认定标准比较笼统、宽泛、可操作性差。《教师资格条例》规定,凡是尚未满法定退休年龄,遵守宪法和法律,热爱教育事业,思想品德和体质较好,具有一定的教育和教学能力的中国公民,经鉴定合格后,可以颁发教师资格。《规定》明确规定了教师的师德、学历、普通话水平、身体条件等,但并没有明确规定教师必须具备的其他条件,例如:必修课的基本素质和能力要求、教师必须具备的教学能力等。

教育部正在进行《中国教师教育标准》的研究,即将出台一系列的教师教育标准,如《教师专业标准》《教师教育课程标准》《教师教育机构认证标准》《教师教育质量评估标准》等。该标准出台后,将对申请人从申请到正式从教进行全面的培训与评估,并筛选出合格的教师。

2. 建立健全的师资队伍

以上所介绍的发达国家,合格的师资鉴定工作均是由若干独立的专业机构来完成的,而在这些国家,除了设立国家的非政府机构外,还设立了一个对师资培训机构进行严格审核和鉴定的机构。英国的教师训练管理局、美国的全国教师教育鉴定委员会,也设立了一个全国性的教师认证评估机构,以制订教师职业标准,并对其进行认证,例如:美国的国家教学专家委员会。

在我国,中小学教师资格的认定实行"属地"原则,初中教师资格由申请人户籍所在地县级人民政府教育行政部门或申请人工作单位认定;高级中等教育学校教师资格和中等职业学校教师资格,需经县级人民政府教育行政主管部门审核后,报上一级教育行政主管部门认定。各省教育行政部门集制订教师资格认定标准、组织资格考试、实施资格考试和认定工作为一体,难以有效保证教师资格的认定质量。

本文认为,我国应建立一种社会化的非正式机构,定期对教育机构的资质、教育质量等进行评估,只有通过考试的院校的毕业生,才能提出申请。其次,建立全国教师资格认证组织,包括教育行政部门的代表、专家和优秀骨干教师,制订教师专业标准,并负责与各地教育行政部门、直接受教育部指导的合格教师的考核、认证工作,保证认证工作的公正、专业;三是设立准教师实习学校,其对实习过程及实践效果的评价,是决定准教师是否合格的重要标准。

3. 组织统一的国家教师资格考试

外籍教师资格考试的申请人,应参加全国统一的考试,并有专业的考试机构,例如:德国考试委员会,美国教育考试服务中心,以确保用科学、公正、高效的方式进行师资培训。通过入职前的潜能测试、职前教育、实习后的全国资格考试,实行适者生存,只有这样,才能保证挑选和培养出合格的人才,才能在学校里教学。

从应聘者的入职准备,到拿到实习教师的资格,实际上是在不断地促进教师的成长和提高。高标准、高要求的教师资格证书,不仅发挥了评价和认定合格教师的职能,同时也在积极推动教师专业化的发展,并使申请者逐渐成为一名合格的教师。

在我国，教师教育专业毕业生仅需提供相关的证明文件，如学历证书等，并由教育行政部门批准，无须经过专门的师资培训考核，即可取得教师资格证书；非师范院校的社工，通过教育学、心理学理论考试，以及通过简短的面试、试讲或演讲等教育教学技能的考试，经有关部门审核同意，即可取得教师资格证。由于缺少专业技术人员对应聘者的专业能力和综合素质进行专门的评估，而且缺少全国的专业资格考试，因此难以确保合格的师资队伍的遴选。为此，我们应该设立专门的考试机构，根据合格的师资水平，举办全国性的全国教师资格考试，取消对教师学历的自然认定，并要求参加国家教师资格考试。

4. 建立教育实习标准化体系

无论多么出色的师资培训，那么高效的教学都不能使初入教室的新老师了解所有的知识。

教育实习是从事教师职业生涯的重要实践准备，是培养学生的临床实践能力，使其成为一名合格的教师的有效途径。以上几个国家都非常重视职前教育，所有的申请者都要到中小学接受正规的、高质量的、一到两年的教育实习，然后才能成为一名合格的老师。我国师范院校的研究生在进入正式教师岗位前，仅在职前进行了一次集中教育实习，时间较短，不能真正培养出师范生的教学能力，从而使其由学生向合格教师转变。而非师范院校的学生，则需要通过一些科目的笔试和简单的面试，才能取得合格的教师资格证书，但由于缺少相关的教育实践和测试，尽管他们取得了教师资格证书，也没有任何实际的教学实践经验。

在此基础上，我国应该实行合格教师教育实习制度，所有应聘者都要通过全国资格考试，通过合格的才能成为见习教师，以见习教师的身份进入中小学，走进中小学的实践领域，接受有丰富的实习学校骨干老师的实习，在一到两年的实习期间，学习实用知识，培养教育教学能力，毕业后由教师培训机构专家和实习学校优秀教师组织评审，合格者授予合格教师证书。

（二）构建一体化教师职业发展体系，加强教师专业培训

加强教师教育是促进新教师成长为一名合格教师的基础保障。教师教育要把握新时代对合格教师的新要求，完善教师教育职前到职后阶段转化的培养内容。

首先，要提高师范教育的质量水平，从职前也就是在校期间，提高培养要求，以一体化的眼光培养高素质的教师新人。其次，正式进入教师队伍后，要根据本阶段教师的特点，合理确定培训的内容、培训方式、考核方式等，逐步规范化教师一体化培训标准，科学推进教师职后研修工作。第三，教师培训要适应新时代的要求，适时调整教师的专业知识、专业能力指标，创新培训模式，不断提高培训效果。最后，要关注合格教师师德素养、政治素养、教育理念的发展以及自主学习和科研能力的发展，切实提升教师的专业素养和教学能力，努力打造高标准的合格教师和优质的未来名师。

1. 新任教师培训

新入职的教师具有思想活跃、易接受新事物的特点，同时具备强烈的个人自我价值实现的愿望，渴望快速成长为一名优秀的教育人才。然而他们在思想认识、工作经验方面还有较大的提升空间，因此，教师培训要使他们尽快了解教师职业的规范和职能范围、建立岗位责任感、提高应用教育理论解决实践问题的能力，包括处理教学内容、运用教学方法、运用教学策略、与学术交流、班级管理能力等。要加强学科课程标准的培训要求，明确教学要求，熟悉各种版本的教材编写体系，大幅提高应对突发事件的能力等。与此同时，要借助培训，帮助教师确定发展方向，培养自主发展意识和能力，树立终身学习的观念，并在具体的教学技能上给予针对性的指导。

协助新老师适应工作需要，目前的实践主要是协助新老师取得资格证书，以便更好地适应工作需要。《中小学教师继续教育规定》是教育部 1999 年发布的，新入职教师必须完成 120 个学时以上的培训。但是，在实际操作中，这种方法并不能使新入职的老师更容易适应工作需要，而非师专的老师更是如此。值得庆幸的是，目前各地都认识到了这一问题，并对新师资培养的有效性进行持续的探讨。例如，北京市成人师范专业院校北京师范专业，目前正在与相关地区合作，开展一至二年半的师资教育与教学能力培养，注重制度设计，注重实践性，效果显著。

2. 加强师资训练

提升"准教师"的职业水平这一阶段的训练是为"准教师"提供的培训，这些都是有条件的。针对这一群体，可以在师范院校或教师进修学校组织

12—18个月的集中培训,通过理论和实践相结合的方法,对师范生的教育教学理论、心理学理论和教学方法进行系统培训;同时,在此基础上,辅导员要根据有关的理论,对其进行教学指导,以提高其专业性。

3.新的师资培养

师资培养与师资培养的结合,是我国师资队伍建设的一个较好的时期。鉴于当前师范院校转型为综合类院校,师资力量不足,可以在一些综合性院校开设师范院校或教师教育学院,对当地教师培训机构进行升级,根据《中小学教师资格考试暂行办法》,对教师所要掌握的教育与教学技术进行培训。学员在一至两年内完成全部课程并达到合格,将会获授正式教师资格证书。取得临时资格证书的教师应到学校进行教育教学实践,实习期限由导师指导,为期一至两年。实习完成后,由培训师对其进行综合评估,经审核通过,发给其资格证书。

(三)充分认识新时代合格教师的战略地位,营造尊师重教的社会氛围

教师的发展离不开时代背景、社会背景,合格教师的数量和质量直接决定了教育的质量和成效。

研究表明,对教师专业发展存在重大影响的时期之一为初任期,顺利度过这一时期的教师职业发展将比较顺利。当前,与某些发达国家不同,我国还未建立针对合格教师的专用评价标准,也缺少合格教师的认证体系,合格教师的认定尚同时处于自我判断或与上级领导的评价之中,但是不合格教师的退出机制正日趋完善。此外,因些许不可抵抗的因素,现行的教师职称评定制度不能够完全对应至教师专业发展的某个阶段,教师的社会地位和经济地位受到怀疑,自我发展的动机和态度削弱,有的教师甚至会离开教学岗位。现行的荣誉制度也未反映出教师专业发展的递进特点,形成完整的职业生涯覆盖链条。因此,合格教师的认定制度亟须建立,合格教师的重要作用需要得到社会的重视。

与专家教师相比,合格教师获得的关注和肯定或许有些微不足道,但是从长远发展的角度来看,这个时期的教师需要来自外界的肯定与敦促,以获得良好的自我发展动力,促进自身专业化水平,更好投身教育事业。

二、个人层面

（一）充分发挥教师主体能动性，引领教师专业成长

1.树立职业理想信念，明确教师的奋斗目标

新入职教师应当积极追求职业发展，以习近平总书记做"四有"好老师的标准激励自己，要永葆初心，树立崇高的国家信念，秉持高尚的教育理想信念和育人理想信念，为党和人民服务，培育优秀的社会主义接班人。要将自己的事业放在国家发展的大格局中，正确认识工作的意义和价值，坚持做社会主义文明的传播者，学生学习知识、锤炼品格的引路人，中华民族传统文化的捍卫者，始终秉持为祖国奉献，为人民和社会服务的理论，为民族复兴培育更多时代新人。

2.践行终身学习理念，提高教师的自主发展能力

新手教师踏入岗位后应坚持做一名学习型教师，不断提高自身的综合素质，争取早日达到一名合格教师的基本要求。

目前，我国教育改革进入关键时期，我们面对着不断出现的问题、矛盾和现实情况，需要通过不断学习来增强理论素养，及时更新和调整教育理念，改变教育教学策略和行为，不断提高自身综合素质，保障工作顺利开展，教学效果不断提升，将尽职尽责，完成教书育人任务作为生活的常态和毕生的追求。因此，教师应保持学习的动力与活力，具备终身学习的意识，养成好学、热学、会学的习惯，并且能够灵活地将理论应用于实践，致力于提高自己的理论和实践水平，和谐统一地将理论应用于自己的教学实践任务中，具备动态学习调整的能力，以适应新时代新任务的变化，做一名与时俱进的合格教师。

再者，随着信息时代网络化的发展，学生接触了很多连教师都不了解的知识，学习方式也发生了巨大改变。与传统的学习方式不同，学生可以借助互联网实现线上学习，提高学习效果，也可能因抵制不住网络的诱惑对传统的学习造成巨大的冲击。教师必须认清这一现实情况，积极寻找学习新思想新方法来解决这一新困难和新问题。教师需要科学合理地转变自身角色，从单一的"知识的传授者"转变为"学习活动的设计和引导者"，努力成为新时代学生学习的伙伴，通过学习，转变思想意识，提高信息化技术水平，积极运用网络技术，丰富教学形式，创造特色课堂，增强课程吸引力，以适应新时代对合格教师

的新要求。

这里所说的应用能力,主要是指应用现代教育技术手段的能力。随着高新技术的快速发展和信息技术产品的大量涌现,以微电子学、计算机技术和声像技术为标志的教育革命日益深刻地影响着教育事业的发展,因此,熟练掌握现代教育技术将是教师在新世纪立足的根本。目前,以计算机、多媒体为代表的现代化教学设备已大量进入校园,实现了教学信息数字化、教学介质互动化、教材编写软件化、教学流程智能化、教学通讯网络化。可以预期的是,在今后的教学中,谁具备了这方面的应用能力,谁就会占据主动,否则,在有限的时间里,难以完成大量的教学任务,也就难以取得良好的教学效果,难以达到育人的目的。

进入新时代,教师专业发展呈现由群体专业化到个人专业化的转向,由个人被动发展到个人主动发展的转向,一名新教师应顺应这一趋势,实现发展阶段的逐步跃进,能够具备自主发展意识的教师自然就更快、也更容易成为一名合格教师。

教师的自主发展能力,是指教师在学校情境下,依据自身需求,自主地确定发展目标,并利用学习资源,制定发展计划,进行自我评价的一种专业发展方式。它首先要求教师具有自主发展的意识,然后需要借助自主学习能力的支撑,借助多种途径和方式实现专业的提升和自我的发展,其发展的动力来自对自我职业发展的需求,不需要外界的政策或者奖励驱动,是一种高级且高质的发展模式。这样的教师,对教师职业有高度的热爱和情感,具有坚定的意志,高度的自制力和有效的行动力,因此自我更新和不断成长的速度和质量都比较优秀。

(二)提高自我反思能力,树立改革创新意识

新时代合格教师必须具备反思能力和创新意识。

学者波斯纳(G.J.Ponsner)提出了一个教师成长的公式:经验 + 反思 = 成长。善于反思的教师就是能够对已经发生的或者正在进行的教学活动以及支持教学活动的理论等进行持续性且深入的思考,并做好随时调节的准备。具备反思能力的教师在教学监控能力上一定更为强大。因为教学监控能力即为在教学过程中,教师不断对教学活动进行积极的反馈调节和控制等能力,其实

质就是通过教师的反思思维或者批判性思维对当下或者已经发生的教学活动进行自我评估，认清优势，发现问题，及时运用理论指导现实问题，逐步达到理实合一的境界，成为一名合格的教师。

在自我反思的过程中，既能够发现问题，又能够不断积累教学经验，探寻更好更高效的解决问题的方法。反思的过程实际上是教师在批判性地看待自己的教学行为、教学理念，并为此负责。只有善于反思的教师，才能够保持思维的开放性不至于走向狭窄，能够考虑到多种方法和更好的实践路径；才能够保证全身心的投入，全心全意为教育事业奋斗，孜孜不倦改善教育工作；才能够成为有责任担当，有计划有应对方案的成熟教师；才能够成为保有质疑精神和探索精神，擅长观察发现问题并解决问题的合格教师；才能够成为思维严谨，精准施教，有理有据的合格教师，才能够成为能够客观看待复杂问题的现实性和不稳定性，并能够在掌控范围内延迟处理的熟手教师。

教育创新能力是新时代教师必备的素养。在"以人为本"的理念下，教师要培养学生的个性、创新意识和能力，教师形象已经不是死板、统一化、僵硬的权威者，学生更喜爱生动活泼、具有个人特色的教师。千篇一律的课堂无法激发学生的学习兴趣，只有富有新意的教学内容和形式多样的课堂活动才能够吸引学生的注意力，这就需要教师具备创新能力，不断创新教学方式，实现教育目标。

善于反思和具备创新能力的教师其科研能力也比较高。科研能力是提高教师综合素质的有效途径，也是教师专业发展的基本动力。通过反思，教师发现教育教学实践中的问题，确定科研的主题和研究过程，有助于教师将经验上升为理论知识，形成更高质量的实践经验，而且通过创新能力，教师甚至能够发现解决问题的更好方法，实现自身专业水平的大幅提升。

要成为一名创新型教师，首先要明确教育教学过程中，哪些内容需要创新。有专家研究指出，教学创新的内容包括课堂、教材、师生关系以及除此以外的教学活动全过程。教师的创新目标是为了解决教学问题、帮助学生更加全面地发展，最终培育学生的创新精神、意识和能力。一名创新型教师除具备强烈的创新意识，还应具备创新人格。比如更加理解学生，与学生沟通顺畅，关注学生个体感受，不唯成绩等。乐于听取和采纳学生的建议，勤于反思，欣赏学生个性，能对学生进行多元评价和发展性评价，能够及时激发学生思考的欲望,成功引导学生多方面的思考,实现因材施教。要努力成为新时代创新教师首先要具备改革创新的意识,及时关注新时代的最新讯息,主动吸收新颖的教育理念和前沿的教育思想,与时俱进,开拓进取;然后,教师要有改革创新的自觉性和主动性,不断将先进理念与成果转化为行动,从而实现个人的专业发展。

(三)适应新课程改革,有对课程资源的认识

在新一轮的课改中,合格的教师主要是指具备科学的儿童观、教育观、知识基础、对课程资源的理解和相关的教学行为的人。这就要求教师具有课程资源意识、开发课程资源的主体意识、课程资源的甄别与产生意识,让每位学生在日常学习中都能轻松愉快地享受,从而实现全方位的、和谐的发展。

以课程资源意识为视角,是一名优秀教师所应具备的品质。意识是指人们在不同的活动中所形成的对周围环境或活动的基本的掌握和行为模式,它体现为有意愿、有技能、有能力为他人服务。"课程资源意识"是指通过对特定课程资源的知识与体验,了解课程资源的本质与类型,对课程资源的开发与使用,以及对课程资源进行甄别与产生的能力。在目前的中小学教学实践中,对学生进行课程资源意识的培育与形成是一个值得重视的问题。所以,合格的教师至少要具备以下素质:

1.课程资源观念意识——合格教师的核心品质

一名合格的老师,其核心素质就是拥有一种理念意识。"课程资源"是指教师对能够参与到课程中并对其产生影响的课程资源的认识和观点。不同的历史时期、不同的研究者、不同的教师对不同的课程资源有不同的见解,因而形成了不同类型、层次和形式的不同的课程资源。主要包括两个方面:一是学术形式的课程资源观念,二是课程资源的实践形态。"实践性"的课程资源观,是我国中小学教师对"课程资源"的基本认知与态度。中小学教师要打破学校所选择的教科书资源,打破以教科书为"圣经"的单一教学资源的窘境,使校园内外的一切有利于促进学生和谐发展的要素得以充分发挥。《基础教育课程改革纲要》明确指出,要充分发挥学校和外部的各种课程资源,并充分发挥其应有的作用。充分发挥图书馆、实验室、专用教室、各类教学设施和实习

基地的功能,充分利用图书馆、博物馆、展览馆、科技馆等各类资源,充分利用和开发图书馆、博物馆、展览馆、科技馆、校外工厂、农村、部队、科研院所等资源。这是新课程对老师们的一次强烈呼吁,要求他们加强对"课程资源"的认识。因此,这是一个优秀的老师必须具备的基本素质。

2. 主体性发展的课程资源意识——合格教师的核心素质

在教学实践中,教师与学生共同参与课程资源的开发与利用。教师是课程资源的开发和使用的主体。在新课程改革的三层课程体系中,教师拥有开发课程的权力,这激发了教师的生命力,使其角色由原来的消极的课程资源使用者转变为开发和生成课程资源的提供者。或许目前中小学教师还不能完全适应课程资源开发者的角色,但这并不能阻止一名合格的教师必须具有的"主体性",即"课程资源的开发与利用"。这是做一名好教师所必须具备的素质。

3. 生成的课程资源意识——合格教师的智力素质

除了由专家、教师自己开发的"静态"课程资源之外,在课堂上,也存在着由师生交互产生的"动态"的课程资源。在这种对话、交流中,老师的知识结构、人生经历、实践智慧等资源在和谐机制的作用下,与已有的知识、问题与困惑、情感态度与价值观等形成了新的课程资源。在教学过程中,许多在课堂之外的事件、现象都可以作为一种宝贵的课程资源,尤其是在早期儿童时期。由于教师在进行教学设计时,往往难以预测,具有瞬时性、不可预测性、不可重复性等特点,因此,它就变得非常宝贵。这就要求幼儿教师在课程资源生成方面要有很强的自觉性,要有丰富的教学经验,有丰富的教学知识。目前,我国中小学教师普遍存在着对"课程资源"不足、"不能有效促进教学"等问题的不满,亟须对"面向未来、体现时代精神"的课程资源意识进行觉醒与构建。

(四)转变教学观念,践行新教育理念

1. 转变"教师观",塑造全新的教师形象

首先,教师要对自己的工作有一个清晰的认识,要有一种对他人、对自己负责的责任感。教师要具有广博的专业知识,具有专业的教学和实践能力;教师必须树立终生学习的思想,加强与外部世界的交往和协作,以拓展自己的眼界、提升自己的素质、丰富自己的教学经历、增强自己的科研能力、掌握现代教育方法等,能与时代同进步。

其次,教师角色的转换,教师与学生之间的关系是主体和主导的关系,但在传统的教师教育中,教师带着学生,学生围绕着教师,教师与教师之间的"以教定学"的模式,使得学生与教师的合作与适应,严重限制了学生的主体性、积极性,从而影响了他们的潜能,不利于他们的身心发展。曾经有人提出,老师要"勤于课外,懒于课内",要在课堂上当个懒惰的老师:一方面,老师不能把解题的方式和步骤教给学生,而要让学生自己尝试去解题,找到问题加以探讨,然后再与学生一起研究;另一方面,老师们也不能直接给出答案,甚至不回答,通过引导学生进行思考、讨论和研究,培养学生发现问题、提出问题、分析问题、解决问题的能力。

2. 转变"学生观",树立以人为中心的教育理念

在传统的教育方法中,教师注重的是知识的传授,而忽略了学生的发展。有句话说得好:要明白,学生不是待灌的瓶子,也不是没有血肉的,而是有思想、有自主能力的人。"日本的初等教育改革,其核心在于培养学生的生命力",即"不管社会如何变迁,能够自主发现问题、学习、思考、判断、行为,提高问题的质量和能力"。在学习的过程中,学生不但可以学会掌握知识,而且可以陶冶情操、开发智力、培养能力,而且可以使他们的人格和人格健全。因此,我们的教育要由过去的强调知识的灌输,转向注重学生自主学习、独立思考和个性发展,拓宽学生的选择范围,使学生的个性得到充分的发展,提高他们的综合素质。

其次,在传统的课堂教学中,老师常常"备课用相同的模式,上课用相同的方法,考试用同样的尺子,用同样的标准进行评价。""一刀切"地实行统一的教学标准,忽略了学生的差异性,这无疑是"培养"出了一种不同类型的学生。有句话说,"世上没有两片叶子是一模一样的",我们也不可能找到两个完全一样的学生,也不可能找到一种适合所有学生的教学方法。

因此,在教学过程中,应从学生的差异入手,因材施教。

3. 要改变教师"评价观",建立现代的评估理念,如"过程性评估""发展性评估"

在传统的教学中,过于注重对学生的甄别与选择,老师讲授应试,而忽略了评价对学生发展的促进作用。首先,"一纸论英雄"的考试评估模型,主要是以课本知识为中心,忽略了对学生的实际能力和学习态度的综合考察;其次,估分时使用大量的纸张和笔,过分强调定量,使学生在学习过程中处于消极的地位;再次,评价技术落后,对评价结果的偏重,对流程评价的轻视。这些问题已经成为阻碍素质教育深入开展、影响学生身心发展的重要因素。

《基础教育课程改革纲要》中明确提出,"高考评估改革要体现新的评估理念,突出对学生综合素质的考查,突出考核指标的多样性,以促进学生的全面发展";评价要维护学生的自尊和自信,要体现尊重和关爱,要重视个体的具体情况和需要;评教要注重发展,要转变观念,使评教贯穿于日常的教育、教学活动,充分发挥评教的作用。因此,我们在评判学生时,不能只看成绩,还要注重挖掘他们的各种潜力,理解他们的发展需求,用发展的眼光去看待每个学生。评价方法不仅要反映学生的学习成果,而且要体现出学习的过程与态度,还要建立起"过程评价"等现代评价观念。采用多种考核方法,改变以往以笔试为主的单一考核方式。要知道,考试本身就是考试的一种手段,它会依据考试的目的、性质和对象,来决定考试的具体方法,以不同的方式来处理,尽量减少考生的学习压力。如行为观察评价,问题讨论,研究性学习,情境测试,成长记录等。

第四节 合格教师岗位认同的幸福

幸福是教师专业发展的动力,更是专业发展的一种高级境界。专业发展中的幸福是指教师在专业开展活动中、专业成长中体验到的幸福。这种幸福是指向精神和追求层面的,回应教师职业道德的幸福,更是教师在与学生的互动中,进行创造性生产活动而获得的满足。一名处于合格发展阶段的教师的职业幸福感可能受到外界因素的影响,但是岗位认同是获取职业幸福最基础的条件和动力。

一、案例分享：节日的问候

"嗡嗡嗡～""嗡嗡嗡～"，手机震动，拿起一看，通知栏提示 QQ 收到了新消息。这些年，微信基本上取代了 QQ 的社交功能，除了极少数的工作通知，已经少有朋友通过 QQ 联系了，少数消息打开就是无聊的广告，惹人反感，所以我索性将消息提示设置了震动，一般没有什么要紧的事情。但是今天是教师节，我想，可能是有些往届的孩子送来了祝福。

前几年，我教的学生当时大多还是用的 QQ，班级群也是 QQ 群，是我们现在唯一的联系方式，所以我的 QQ，也从来没有打算弃用。随后，我打开了并不常用的 QQ，果然有几个孩子发来了美好的祝福。我一一打开浏览，并回复感谢，也祝愿他们一切都好。可是当我打开一个名为"韩文凯"的消息框时，我感到了一丝震惊和愧疚。因为，消息框中陈列着好多条历史消息，全是各个节日，孩子送我的祝福。从春节到元宵节、清明、端午、国庆，这孩子几乎每一个法定节假日都准时送上祝福，而看我的回复，有的时候因为工作忙碌甚至忽略了消息，有的时候就简单回复了一句"谢谢"！这个孩子已经毕业三年多了，这三年来，他一直坚持每个节日都给我发来祝福，我何德何能？而我竟这样辜负了一个孩子的真心！孩子的心有没有因为我的怠慢而感到冰冷？

我决定跟他道个歉，试图获取他的理解。于是我连忙敲下这行字：

"文凯，不好意思，我有的时候工作太忙，QQ 也不常登录了，忽略了你的消息，没有及时回复你，感谢你一直记挂着我，最近怎么样？"

没想到，这一下，仿佛打开了我们之间的话匣子，他很快回复了我，欢快地与我交流，讲述现在的他和当时我们一同经历的一些的时光，一点都没有怪我的意思。多年前的记忆也随之慢慢浮现眼前，我曾经干过哪些事？说实话，我自己都有些淡忘了。跟随他的描述，我仿佛看到了一个怀揣梦想、心无杂念、充满热爱、信念坚定的年轻教师。

那时，我才工作第二年，领导安排我负责这个班的数学教学工作，这是一个春季高考班。心想，我一定好好教，鼓励他们好好学，争取优异成绩，多考上几个本科，一生都受益。那时，很多人不看好职业教育，也不理解有那么多普通高中学校可以选择，为何我选择到职业学校来当老师，没什么前途。我不信这个邪，甚至我认为，我这一生最大的成功可能就是发现总结出能把本来基础不太好的学生给教会的方法。这是个考验和挑战。于是，我教得格外用心，虽然不是班主任,但是我处处真心为学生考虑,想尽各种办法激励,毕竟我们职业学校的学生,学习习惯有很大的改善空间,尤其数学学科,大部分同学都表示很难,学不懂。但是,我从来没有放弃他们,也不让他们自己放弃自己,有一天晚自习,我逐字把自己非常认可的高中校训抄在了黑板上:

"十八岁是美丽的,而人生旅程中最绚丽的一页却应在生命的四十岁时翻开。不要说四十岁有多么遥远,二十年其实是弹指一挥间。虽说四十岁就在眼前,但二十年的时间跨越足以让我们眼花缭乱。虚度今日,等待你的将是无穷的悔恨和遗憾。追寻先贤成才路,浩瀚人世间,我们一定会发现,四十岁的辉煌来自十八岁的志向,二十年的血汗。珍视你拥有的青春年华,好好地把握现在,才能真正赢得未来,才能将你如日中天的四十岁勾画得绚丽灿烂!"

那天晚上,我慷慨激昂地进行了一番演讲,勉励他们,希望他们获取学习的动力,最终获得精彩的人生。一群男孩子还争先恐后地围绕在我周围,以此为背景拍了一些照片。现在回想,这可能就是文凯所说"同学们觉得除了班主任,所有的老师中,我对他们最用心,最相信他们"的原因之一吧。至于日常的教学,我觉得我只是做了一个老师应该做的事情,文凯说我改变他整个高中生涯的那个举动,我自己并没有觉得特别刻意,我只是给予了学生应有的关心和爱。但是据他描述,那次晚自习,他的心情有些烦闷,在自己的座位上趴着,有些丧气。我从教室前头走到最后排他的身边,轻轻拍了拍他的肩膀,关心他、鼓励他。此后他便坚定信念,立志要好好学习,争取考上大学。我的那个举动,改变了他的轨迹,成就了今天的他,他非常感激。现在的他是一名大三的学生,他告诉我,他要考研,继续深造。我听了由衷为他高兴。我的学生,长大了,羽翼更加丰满了。我的工作是有意义、有价值的。

后面陆续又传来了他的好消息,"老师,我去国企了!""老师,我还是想考研,我应该可以再努力!""老师,我面试上了上海。"……

一年又一年过去,我已从一名刚毕业的新教师成长为一名成熟的合格教师,毕业的学生越来越多了,收到的节日问候也多了起来,好消息也是越来越多。在这些节日的问候中,我慢慢体会到了教师这一职业的价值和意义,我深深地为自己的职业感到骄傲和自豪,我甚至渴望着更多的节日问候……因为这代表了一个又一个孩子真切的成长。

二、案例分享：一个"多心"的班主任

班级小成同学最近一直迟到，作出批评和教育后虽然满口答应一定会严格遵守校规校纪，却依然不断地违反校规校纪，并找各种理由去开脱。于是在有一次迟到后，我很生气地对他进行了批评，并耐心地跟他交流他违纪的原因，但在提到家长时，学生口气中带有埋怨的态度，于是我开始感觉事情并没有这么简单，并决定着手从根源处解决小成同学总是违纪的问题。

对于小成同学近期不遵守校规校纪的表现，我认为事情并不是这么简单，我仔细思考了一下不能只通过表面现象去整治和教育，要找到小成同学近段时间突然不遵守校规校纪的本质原因。

首先我找到小成问为什么最近总是违反规矩，在学生的回答中去掉起晚了、忘记了、家离学校太远了、不舒服等学生自身和客观原因外，其中有一条信息引起了我的关注就是"他们（家长）也不管我"。针对这一点在继续的交谈中我得知，小成的父母因为他中考没有考好，并且平时过于调皮，于是在进入中职生活后对学生的态度转变很大，学生由此产生了严重的抵触心理，对于家长的教育总是怀着抗拒心理去听取。

随后我又约谈了家长，从中了解到，家长并没有不管学生，而是家长口中的"管不听"，学生思维逻辑太活跃，在有些事情上根本说服不了，各种方法也都试过，而最常用的就是"武力"解决。虽然其在家里也很懂得照顾小妹妹，并偶尔做家务，但是总认为干这些事都没有用，不如好好学习，获得好成绩。

最后我又调研了同学们，同学们很认可小成同学的灵活机智，也很懂得照顾家里的小妹妹，在日常的生活中也乐意运用自己的聪明才智帮助同学，但对于小成的调皮捣蛋也很有意见，并且反映上课学习不认真，喜欢搞小动作。

根据我对小成的了解，他是一个思维活跃、聪明机灵但心浮气躁的同学，之所以出现违反校规校纪并屡教不改的情况，主要原因可能出在家庭上。首先家长对学生上职业学校有一定的失望，对职业学校能够高质量育人的认识不够，从而对学生没有较高的期望，减少了原来的包容和关心，而学生也开始自暴自弃。于是我从家庭、学生两方面着手处理。

既然要从根源上解决问题，那首先就要纠正家长对于职业学校的偏见。于是在与家长沟通的时候，我从近年来的春考本科扩招、学校教学成绩、技能大赛、学校师资力量等角度进行介绍。让家长明白国家正在大力扶持职业教

育,地区正在大力发展职业教育,学校强大的师资和设备大力保障着学生教育。家长称近些年虽然听闻职业教育越办越好但并不知道具体哪里好,通过我的讲解后家长对职业教育有了更深的认识,也对职业教育有了较高的认同。然后我跟家长针对学生最近的违纪分析了学生的特点,指出了学生急躁、偏执、淘气、逃避等问题,也肯定了他聪慧、灵活、勤快、勇敢等优点,从教师的角度让家长更全面地评价学生。并引导家长要学会肯定学生的优点,这样学生才会通过赞赏在正确的道路上不断发展。

随后我和家长一同与学生进行交流,这次的交流能够明显地感觉出家长对学生的态度中包含着一种关心,眼神中带着对学生未来的期望,学生在交流中感受到了家长态度的改变,也慢慢地不再找借口和顶嘴,当感情的冰山逐渐融化,层层的伪装都卸了下来,在学生委屈地说出"我就是觉得你们都不关心我了,觉得我没有出息,不喜欢我,只喜欢妹妹"时,学生的声音已经变得十分地哽咽。我知道学生已经因为家长态度的转变敞开了自己的心扉,于是我从家长工作的艰辛、日常对小成的用心来证明家长从始至终都是关心、爱护自己的孩子的,小成也慢慢地理解了父母的艰辛,也对自己之前故意顶撞父母和做出的"赌气"行为向家长道歉。

最后我们三人共同根据小成同学的自身能力及特点进行生涯规划,最终小成决定在专业技能知识方面多加练习。争取在青岛甚至全国的技能大赛中取得一定成绩,而家长和老师会共同努力,在为学生确定好正确的发展方向后,帮助学生实现自身价值。

通过一段时间的观察发现,小成同学再也没有违反校规校纪,各科老师都说小成同学上课状态变化非常大,成绩有了很大的提升,并且还主动申请成了技能专业课代表。同时由于小成同学勤劳、聪明的优点,他在班级里主动地帮助同学,积极地组织班级活动,参与到班级的管理工作中,我在班会及家长会中进行了点名表扬。家长在看到学习成绩逐渐提高和生活状态不断提高后,对学生也越来越关心,也真正地认可了职业学校的教学育人的能力。

中职生的年龄大多处在 16～18 岁期间,这个年龄段的学生正处在思想活跃、个性鲜明、生理和心理都由稚嫩走向成熟的阶段,且内心多疑敏感,不够成熟却又渴望独立,因此身边发生的一些事情他们便有了自己的见解,并随之可能做出符合他们这个年龄认知下的不正确的行为决定,这时候便需要有人帮助他们对事情进行正确分析，并对学生做出的不恰当行为进行点评与纠正。而最容易影响学生，也最容易帮助学生塑造正确的思维方式的便是与学生朝夕相处的家长。学生的成长离不开家长的呵护，为使学生能够全面健康发展，学校、家长必须共同努力，为学生创造一个积极的生活和学习的环境。我认为任何一名问题学生的本质都不坏，重要的是找到问题的本质原因，让学生从内心去接纳和成长，形成自我约束力，主动寻求进步。我将继续协同家长通过营造良好的育人环境，来描绘每一名学生的精彩人生。

第四章

骨干教师的幸福

第一节　骨干教师应具备的素质

随着我国教育改革的推进和教育现代化的发展，骨干教师成为我国教育事业的中坚力量，是我国教育迈向现代化的过程中优美的风景。但什么样的教师才是骨干教师，骨干教师的素质是什么，发挥什么样的示范作用，理论界对此的说法不一。因此，相对完整界定骨干教师的素质，可为广大普通教师树立学习的榜样，是教育工作者值得思考的问题。骨干教师的素质和衡量标准虽然受各种因素的限制，但笔者通过对文献资料及各地的评优政策大致可作以下的概括。

一、骨干教师应具备良好的思想政治素质

在诸多素质中，思想政治素质是教师素质结构的核心，它决定并制约着其他素质的发展方向，影响到学生整体素质的提高，教师的思想政治素质至少包括以下几个方面。

（一）有坚定的信念和正确的政治方向

有理想的人讲理想，有信念的人讲信念，才能讲得好，才能为学生所信服，才能有教学效果，如果教师自身没有崇高的理想、坚定的信念，要培养学生坚定的信念和正确的政治方向是不可能的。在我国，教师应当热爱祖国、热爱社会主义、拥护中国共产党的领导、坚持四项基本原则、认真贯彻党的教育方针。

（二）要热爱教育事业

热爱教育事业是教师热爱祖国的具体表现。在现实社会中，教师职业虽然是一种比较"清贫"的职业，但教育仍然是一种没有坚定信念和强烈使命感、责任感就不能完成的事业。教师要自觉增强对教育工作的使命感和责任感，树立终身从教的信念，敬业乐教，诲人不倦，为教育事业的改革和发展作出自己的贡献。

（三）具有高尚的品德

教育是一种培养人的活动，教师不能仅仅满足于做学生知识的导师，还要做学生人格的导师。心理学研究表明，学生具有明显的向师性，教师的一言一行，一举一动都会成为学生效仿的对象，对学生起着潜移默化的作用。因此，教师不仅要以言立教，而且要以身立教，即以自己高尚的品德与行为，以自身的表率作用去感召学生的心灵世界，把学生培养成为有德之人。古语说得好：其身正，不令而行；其身不正，虽令不从。如果教师品德不良，即使他的教学和科研水平很高，也往往不能发挥应有的教育效应。

教师是人类灵魂的工程师，是青少年学生成长的引路人。教师的思想素质直接关系到大中小学生德育工作状况和亿万青少年的健康成长，关系到国家的前途命运和民族的未来。

二、骨干教师应具备高尚的职业道德

职业道德是教师职业素质中的灵魂，作为骨干教师，要有热爱教育事业的崇高使命感和甘为人梯的敬业精神。在教育教学中尽心尽力，尽职尽责，用自己一生的时间教导学生，用自己满腔的热血哺育学生，用高尚的灵魂净化学生，要有尊重和爱护学生的人道主义精神。

教师是春蚕，生命停止吐丝方止；教师是蜡烛，燃烧自己照亮别人；教师是园丁，辛勤付出桃李芬芳；教师是铺路石，牺牲自己成就别人。

三、骨干教师应具备良好的身心素质

"身体是革命的本钱"，只有健康的身体，才有维持正常教学、教学研究工作的体能。因此，教师的身体素质是其他各项素质的基础。除此之外，骨干教师还要具备良好的心理素质，才能克服心理挫折，增强应变能力，保证顺利地完成教育任务;才能通过为人师表、言传身教、潜移默化,把学生培养成刚毅沉着、自主自信、勇于进取、敢于创造的社会主义建设者和接班人。

四、骨干教师应具备扎实的学科知识

学科专业知识是与教师执教学科相对应的专业理论知识,系统的专业知识是教师教育教学活动顺利完成的保证。骨干教师不仅要具备广博的科学文化知识,而且还要具备深厚精湛的学科专业知识,要扎实地掌握本学科的专业基础知识、专业主体知识和专业前沿知识。系统的专业知识是教师教育教学活动顺利完成的保证,作为骨干教师,拥有系统的专业知识,才能在课堂的教学中游刃有余,才能更灵活地驾驭课堂。①

五、骨干教师应具备系统的教育理论

教师只有全面系统地掌握教育科学理论知识,才能确立先进的教育思想,正确选择教学内容与方法,把自己所掌握的知识和技能科学地传递给学生,促进学生的全面发展。

六、骨干教师应具备纯熟的业务技能

纯熟的教师个人专业技能是顺利完成教学工作的前提和保证。骨干教师必须具备高水平的教学技巧和教学能力。

(一)教学基本功

骨干教师要能准确运用普通话,语言科学规范,表现力强;书写规范、美观;能熟练运用多媒体计算机辅助教学等现代化教学技术。

(二)教学能力

骨干教师要能熟练地驾驭常规教学的各个环节,灵活运用各种教学方法,娴熟地驾驭各种课型,课堂教学已形成自己的特色。

(三)教育科研能力

骨干教师在教育教学教研上应做出成绩。这种贡献不仅是积极的,而且

---

① 谢立平:对骨干教师界定的再认识 [J]. 新课程(教研),2010(08):84-85.

还是不间断的创新成果。

综上所述,我们对骨干教师可以作这样的概括:骨干教师是指一定区域范围内,具有良好的思想政治素质,高尚的师德修养,健康的身心素质,扎实的专业知识,系统的教育理论,纯熟的业务技能,积极进行创造性教学,并不断取得教育成果,为学生成长、为学校发展、为当地社会进步作出积极贡献的教育专业人才。①

第二节 骨干教师的幸福来源

幸福感,是指个体对幸福生活的一种主观感受,是需要得到满足、潜能得到发挥、力量得以增长时所获得的持续快乐体验。不同的个体面对同样的客观条件,其主观幸福感不同。幸福感的实质是持续性的愉悦,人的欲望得到满足就能产生幸福感。

教师职业是精神享受大于物质回报的职业。教师职业幸福感,是指教师在教育工作中,通过不懈努力,实现自己的职业理想,实现自身和谐发展而产生的一种自我满足、自我愉悦的生存状态,是教师通过艰辛的创造性劳动,把学生培养成才之后,因目标和理想的实现而在心理上和精神上感受到的职业乐趣和人生欢愉。

教师的幸福主要体现在教书育人的过程中,伴随着自身价值实现而产生的积极的情感体验。它包括以下几方面的含义:其一,教师职业幸福感是教师职业特有的、有别于其他职业的特殊情感。其特殊性存在于劳动对象、劳动过程和劳动结果的特殊性;其二,教师职业幸福感是一种教师个体的感受,具有主观性。由于不同个体在不同时期的感受存在差异,因此它还具有发展性和个体差异性;其三,教师职业幸福感是一种积极的正向情感体验,积极性是其特点之一;其四,教师职业幸福感是教师个体努力的过程和结果,是一种状态,具有过程性和结果性的特点。下面就是几位骨干教师在工作中对幸福来源的体会。②

① 谢立平:对骨干教师界定的再认识 [J]. 新课程(教研),2010(08):84-85.
② 崔胜杰:教师职业幸福感研究综述 [J]. 辽宁行政学院学报,2012,14(07):117-118+120.

一、在追求专业能力提升中感悟幸福

（一）幸福源于教育视野的拓展

新时代需要的新一代从业者，不仅是简单的流水线上的操作工，而是以社会或工作需要的问题为核心，运用数学或者跨学科的知识、工具、方法、资源进行整合应用，从而解决实际问题的从业者。而在数学建模和探究活动中，学生通过了解数学模型、特别是了解数学模型的形成过程，真实地体验如何通过数学的"眼睛"来观察和分析现实世界中的一些事情，利用数学"语言"来描述和分析这些事情，最后能数学化地形成清晰的假设、目标等。通过这样的教与学的过程，学生能感悟数学是现实的、有用的，从而为离开学校后解决生产生活中真实的问题打下基础。下面就是一位一线教师在数学建模中的体会。

2020 年我因为要带学生参加青岛市技能大赛，接触到数学建模，了解到"通过数学课程的学习，要使学生具备一定的从数学角度发现和提出问题的能力、运用数学知识和思想方法分析和解决问题的能力"（《中等职业学校数学课程标准（2020 版）》），数学建模和探究就是很好的练习途径。由此我开始有意识地在课堂上给学生渗透数学建模的思想、方法等，并在当年取得全市比赛第三名的成绩。具体实例如下：

案例 探究包装的奥秘

1. 情境与问题——案例背景

有些商品是若干件被装在一起按包销售的，例如一包纸巾中装有 10 小包纸巾、一条香烟中装有 10 盒香烟、一包扑克中装有 10 副扑克等（图 4-1）。不同商品的打包形式常常不同，哪种打包形式更能节省外包装材料呢？

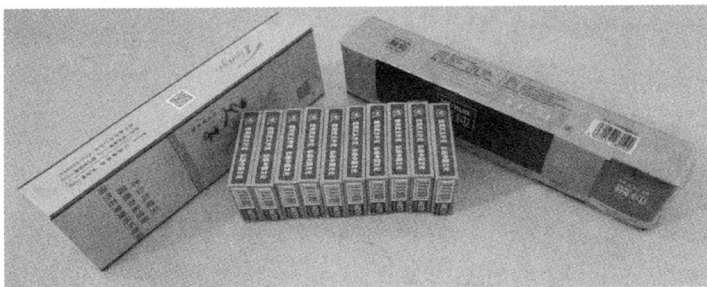

图 4-1　不同商品的打包方式

为了讨论方便,我们先来定义一种"规则打包"法,这是指包内的物体都是全等的长方体,在打包时要求包内的相邻两物必须以全等的两面来对接,打包后的结果仍是一个长方体。

这样,我们就可以更数学化地提问:扑克牌等长方体的物品,按'规则打包'的方法将 10 个小包打成一个大包,其表面积何时最小?

2. 试着做一做——建立数学模型

（1）用尺子量一副扑克,长 $a=9$ cm,宽 $b=6$ cm,高 $c=1.8$ cm,一副扑克最大面的面积是长×宽也就是 $9×6=54$（cm^2）,中间大小的面是长×高即 $9×1.8=16.2$（cm^2）,最小面的面积是宽×高即 $6×1.8=10.8$（cm^2）。图 4-2 为一副扑克的尺寸。

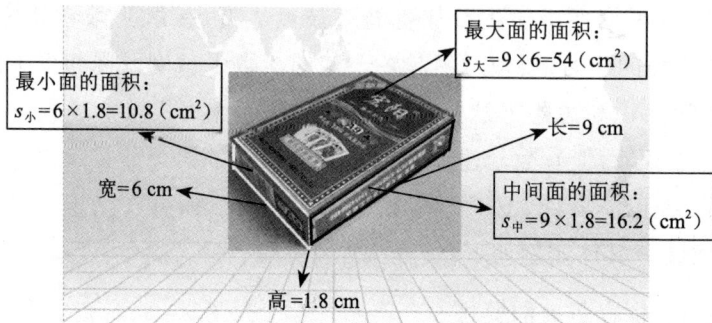

最大面的面积:
$s_{大}=9×6=54$（cm^2）

最小面的面积:
$s_{小}=6×1.8=10.8$（cm^2）

长=9 cm

宽=6 cm

中间面的面积:
$s_{中}=9×1.8=16.2$（cm^2）

高=1.8 cm

图 4-2 一副扑克的尺寸

如图 4-3 的打包方式共有 10 个最大面,4 个中间面,20 个最小面,加起来就是总面积,即 $s_{总}=10s_{大}+4s_{中}+20s_{小}=10×54+4×16.2+20×10.8=820.8$（cm^2）。

图 4-3 扑克的一种打包方式

如图 4-4 的打包方式,上下共 20 个最大面,前后共 20 个中间面,左右共两个最小面,加起来总面积就是:$s_{总}=20s_{大}+20s_{中}+2s_{小}=20×54+20×16.2+2×10.8=1\,425.6$（cm^2）。

图 4-4　扑克的另一种打包方式

（2）可是这仅仅是两种打包方式，既不重复又不遗漏的打包方法到底有多少种？只有找全了，才能知道哪种方式是最节省包装材料的。

10 副扑克、10 包纸巾、10 盒香烟，可不可以从 10 入手？规则打包后的结果仍是一个长方体，而这个大长方体是由 10 小长方体组成的，无论怎么打包，总的体积是不变的。

将打包后的大长方体转动，以长边面对正前方，以最左下侧的顶点作为坐标原点，水平线作为 x 轴，这个平面内垂直于水平线的直线作为 y 轴，垂直于水平面的直线作为 z 轴，建立三维坐标系（图 4-5），那么图 4-4 中的打包方式可以表示成 $10=10 \times 1 \times 1$。

第一个 10 表示 10 个小长方体组成一个大长方体，第二个 10 表示 x 轴上有 10 条长边，第一个 1 表示 y 轴上有 1 条宽边，第二个 1 表示 z 轴上有一条高边，长和宽组成一个最大面，10×1（第一个），即 10 条长边一条宽边，从上面看就是 10 个最大面，底下还有 10 个，即 $10 \times 2 = 20$ 个最大面；长和高组成中间面，10×1（第二个），表示前面有 10 个中间面，后面还有 10 个，即 $10 \times 2 = 20$ 个；宽和高组成最小面，1×1 代表左面有一个最小面，右面还有一个，即 $1 \times 2 = 2$ 个，也就是 20 个最大面，20 个中间面，2 个最小面，总面积就可以算出来。也就是 $s_{总} = 20s_{大} + 20s_{中} + 2s_{小} = 20 \times 54 + 20 \times 16.2 + 2 \times 10.8 = 1\,425.6$（$\text{cm}^2$）。

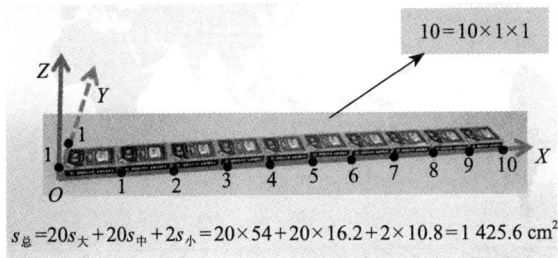

图 4-5　三维坐标系的建立

图 4-6 中 X 轴上一条边,代表长的条数为 1,Y 轴上一条边,代表宽的条数为 1,Z 轴上 10 条边,代表高的条数为 10,所以现在 $10=1\times1\times10$,1×1 表示一条长和一条宽组成的最大面从上面看是一个,最下面还有一个,共 $1\times2=2$ 个最大面;1(第一个)$\times10$ 表示长和高组成的中间面前面有 10 个,背面还有 10 个,共 $10\times2=20$ 个;1(第二个)$\times10$ 表示宽和高组成的最小面左面有 10 个,右面还有 10 个,共 $10\times2=20$ 个;也就是这种打包法有 2 个最大面,20 个中间面,20 个最小面,总面积就是:$s_{总}=2s_{大}+20s_{中}+20s_{小}=2\times54+20\times16.2+20\times10.8=648$(cm^2)。

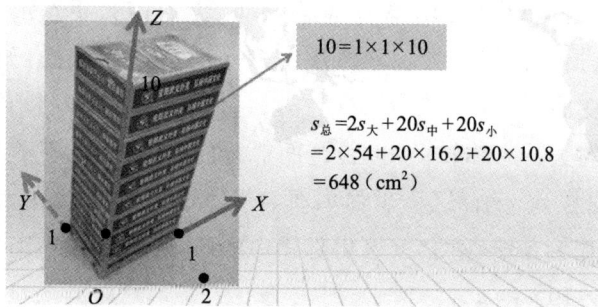

$$10=1\times1\times10$$

$$s_{总}=2s_{大}+20s_{中}+20s_{小}$$
$$=2\times54+20\times16.2+20\times10.8$$
$$=648（cm^2）$$

图 4-6 1×10 型打包方式的表面积

总之,以大长方体的长边面对正前方建立三维坐标系,先从上面看有几个最大面,2 倍就是最大面的个数,再从前面看有几个中间面,2 倍就是中间面的个数,最后从左面看有几个最小面,2 倍就是中间面的个数。前面有 $10=10\times1\times1$ 和 $10=1\times1\times10$,肯定有 $10=1\times10\times1$,10 在中间位置,打包方法如图 4-7 所示,共有 20 个最大面,2 个中间面,20 个最小面。其表面积就是 $s_{总}=2s_{大}+2s_{中}+20s_{小}=20\times54+2\times16.2+20\times10.8=1\,328.4$(cm^2)。

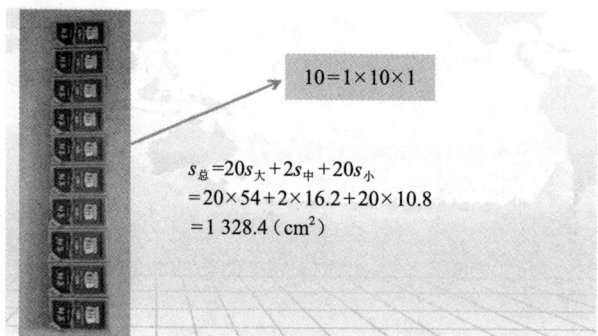

$$10=1\times10\times1$$

$$s_{总}=20s_{大}+2s_{中}+20s_{小}$$
$$=20\times54+2\times16.2+20\times10.8$$
$$=1\,328.4（cm^2）$$

图 4-7 1×10 型另一种打包方式的表面积

3. 启发与提示——建模成果

问题是:其余的打包方法呢?如图 4-8 这两种打包方式分别是 $10=5\times1\times2$ 和 $10=2\times1\times5$,所有的打包方式有多少种?

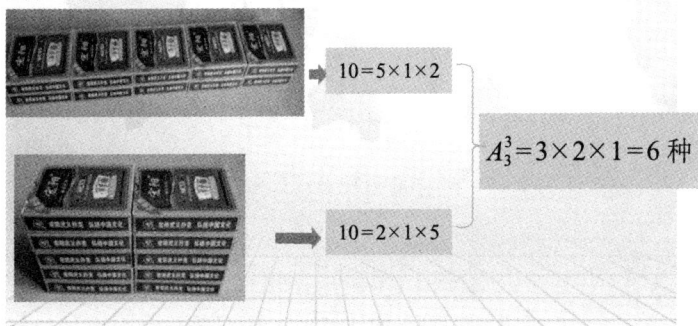

图 4-8 两种 2×5 型打包方式的分解方法

$10=10\times1\times1$、$10=1\times1\times10$、$10=1\times10\times1$,这 是 10 和 两 个 1 的 排 序,而 $10=5\times1\times2$、$10=2\times1\times5$,这是 5、1、2 三个数字的全排列,也就是共有 $A_3^3=3\times2\times1=6$ 种打包方法。这样就可以把 9 种打包方式的表面积都算出来 (图 4-9),从中可以看出表面积最小的是:$s_{总}=4s_{大}+10s_{中}+20s_{小}=4\times54+10\times16.2+20\times10.8=594$($cm^2$)。

1×10 型:

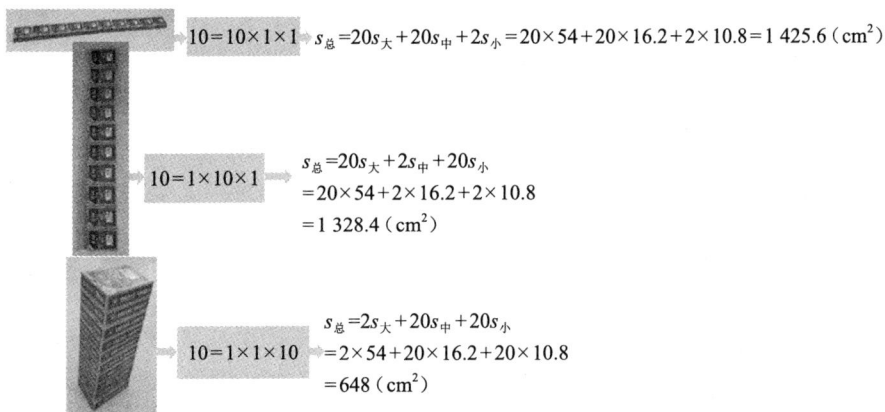

图 4-9 9 种不同打包方式及表面积(1)

2×5 型：

$10 = 5 \times 2 \times 1 \quad s_{总} = 20s_{大} + 10s_{中} + 4s_{小} = 20 \times 54 + 10 \times 16.2 + 4 \times 10.8 = 1\ 285.2\ (\text{cm}^2)$

$10 = 2 \times 5 \times 1 \quad s_{总} = 20s_{大} + 4s_{中} + 10s_{小} = 20 \times 54 + 4 \times 16.2 + 10 \times 10.8 = 1\ 252.8\ (\text{cm}^2)$

$10 = 2 \times 1 \times 5 \quad s_{总} = 4s_{大} + 20s_{中} + 10s_{小} = 4 \times 54 + 20 \times 16.2 + 10 \times 10.8 = 648\ (\text{cm}^2)$

$10 = 1 \times 5 \times 2 \quad s_{总} = 10s_{大} + 4s_{中} + 20s_{小} = 10 \times 54 + 4 \times 16.2 + 20 \times 10.8 = 820.8\ (\text{cm}^2)$

$10 = 5 \times 1 \times 2 \quad s_{总} = 10s_{大} + 20s_{中} + 4s_{小} = 10 \times 54 + 20 \times 16.2 + 4 \times 10.8 = 907.2\ (\text{cm}^2)$

$10 = 1 \times 2 \times 5 \quad s_{总} = 4s_{大} + 10s_{中} + 20s_{小} = 4 \times 54 + 10 \times 16.2 + 20 \times 10.8 = 594\ (\text{cm}^2)$

图 4-9　九种不同打包方式及表面积(2)

4. 探究与拓展——建模反思

为什么这种表面积是最小的？

$10 = 1 \times 2 \times 5$

$s_{总} = 4s_{大} + 10s_{中} + 20s_{小} = 4 \times 54 + 10 \times 16.2 + 20 \times 10.8 = 594\ (\text{cm}^2)$

图 4-10　表面积最小的打包方式

表面积最小的这种打包方式(图 4-10),长、宽、高三者中极差最小,也就是大长方体的形状最接近球。体积一定的物体,球的表面积最小。这个证明,要用到高等数学的知识。

生活中也有这样的例子(图 4-11):北极的企鹅、北极熊都长得圆滚滚的,就是在进化过程中不断减小身体的"表面积"来减少散热的。一些建筑、天然气的储藏罐是球形的也是利用了体积一定,球的表面积最小这个原理。

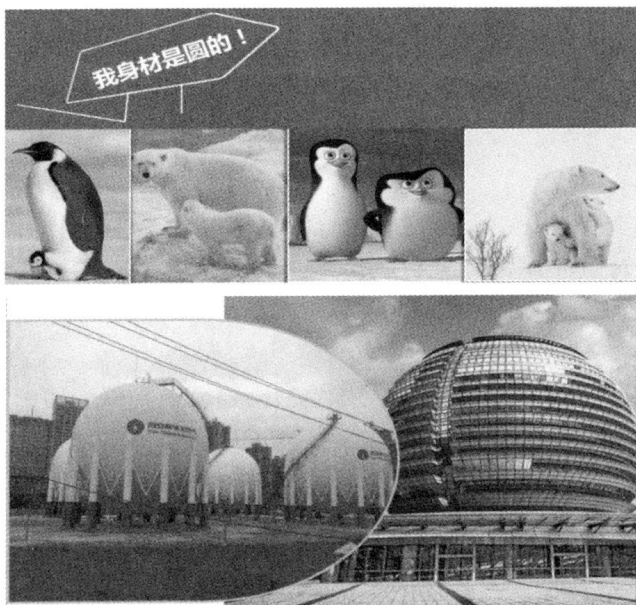

图 4-11　生活中的实例

那为什么长条状的打包形式,不是最节省包装材料的,却是常用的包装方式?

那是因为虽然我们买的纸巾是长条状的包装形式,但是他们在从工厂到超市的运输过程中,还是需要外包装的,而外包装的长、宽、高,三者的极差很小,就是最接近球的打包形式,这叫"内不省外省"(图 4-12)。

在数学建模过程中,可以让学生深切感受到数学在生活、工作中的重要作用,感受到数学无所不在,感受到数学是解决实际问题的有力工具;在数学建模过程中,能使学生的数学能力和其他各种能力协同发展,在这一过程中,学生易于形成实事求是的态度,养成良好的学习习惯;在数学建模活动中,学生会主动参与到数学学习活动中去，将极大激发学生对数学的好奇心与求知。而老师也能从中开阔自己的教育视野，将眼光放得长远，立足于学生未来发展，从而收获独属于数学老师的幸福。

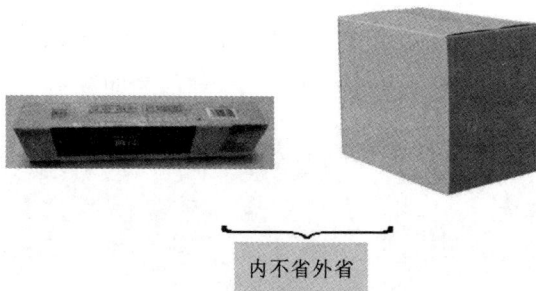

内不省外省

图 4-12　外包装的形状

（二）幸福源于教学艺术的优化

1. 积极参加优质课比赛

上公开课是每位教师在教学工作中都会遇到的挑战。的确，公开课毕竟不同于平常课，从课前的准备、课中的设计到课后的反思与调整，每一步都比平时深刻得多。无论是自己上一堂公开课还是听一堂同行的公开课，都能让人收获颇多，从中感受到教学艺术提高的幸福。因此，"怎样上好一堂公开课"也就成了教师经常思考的话题。公开课的前期准备应该注意以下几点：

（1）教学内容的选择

公开课前，我们要根据教学进度选好上课内容。一般来讲，要选择新的内容，上别人没有上过的课，不步人后尘，不与别人形成鲜明对比。对于青年教师来说，可以借鉴名师的教学设计，观摩名师的课堂实录，从他们身上多学习公开课的课堂教学经验，但切忌照搬照抄。平时的课堂可以模拟为主，但真正在公开课上用时必须要善于吸收名师课堂上的精髓，恰如其分地运用到自己的课上。对于一些经典课题，它们公开课的出镜率高，我们要尽量绕开，实在绕不过去就要换个角度去寻找新的切入点。

（2）教学模式的确定

课改初期，很多老师一提到公开课马上就想到把"排排坐"改成"团团坐"，去选用"设问质疑—活动探究—归纳总结"的模式，其实这是对新课改

"自主学习、实验操作"的片面理解。数学课堂教学模式很多,每一种教学模式都有它的特点和适用范围,不存在对所有教学内容都有效的万能模式。

（3）课堂提问的设计

提问是课堂上最常用的教学手段,是教师向学生输出信息的主要途径之一,善于从不同的方面提出富有启发性的问题,有利于激发学生的思维、增加学生的兴趣,使学生的思维过程处于积极主动获取知识的状态;若提问不当,就不易收获。公开课上巧妙的提问往往能给听课者留下深刻的印象,带来意想不到的效果。

虽说教学过程是一个动态的、变化的过程,课堂上的提问也是灵活多变的,但对于一些必不可少的提问(如知识关键处的设问、思想转折处的追问),都非常有必要课前准备好。再优秀的教师也总有失手的时候,名师课堂上的提问技巧看似是随机应变,实际上也是课前下了功夫。我们设计提问的时候要具有准确性、具体性、启发性和适度性,语言力求简洁、精炼、科学性强,有层次感。文无定法,课堂提问的设计是课堂教学永恒的追求,我们要多在提问上下功夫,问出精彩、问出成效。

（4）课堂练习的优化

课堂练习是整个教学过程中的一个重要环节,是必不可少的检测手段,在大力提倡有效教学的今天,公开课不能成为作秀课。我们听一些课,练习花样挺多,但总觉得有些练习在课堂上出现欠妥当。随着多媒体课件的应用,很多课上看不到学生拿书,一张张幻灯片呈现的练习让人眼花缭乱,连我们听课的老师都感觉做得很累,更何况刚刚接触这一新知的学生。鼓励教师在作业设计中要注意体现情境性、层次性、开放性,既要注重夯实双基,又要注重思维的启迪。要做到这些,很多老师步入了练习设计的误区,谈到练习优化马上想到只有自己出的题目才能体现"优化"二字。其实不然,现行使用的教材后面的练习是难得的课程资源,在公开课上可以有选择地直接去用,对于这些题目,大可不必再用幻灯片呈现,直接看书解答讲评的效果反而更好。

上公开课是一门很深的学问,虽说经常会碰到"无心插柳柳成荫"的情况,但在公开课的准备上我更相信"有心栽花花必开"的道理[1]。下面就是一位

---

① 卞冬梅:数学公开课的课前准备 [J]. 现代教育科学(小学教师),2010(06):101.

一线教师参加省优质课《等比数列的前 n 项和》比赛的感悟：

指导思想：在新课标的指导下，结合学校"15+30"的大环境，我大胆进行课堂教学模式改革。运用小组合作学习的形式，关注学生自我学习能力的养成，注重培养学生与他人的合作意识，面向全体学生，发挥学生的主动性，调动学生的学习兴趣，注重学生能力的发展，让学生学会学习，具备可持续发展的能力。同时关注学生的情感，尊重学生的人格，尊重学生的个性，关心和爱护每个学生的心理发展，因势利导，使每个学生在课堂上都有自己特定的收获。

设计思路：本着"趣味数学、人人参与"的目的，本节课以故事"印度国王的重赏"引题，通过提问"国王为什么兑现不了自己对国际象棋发明人的承诺""棋盘的 64 格到底有多少麦粒"等问题，激起学生想要知道答案的好奇心，从而探求新知"等比数列的前 n 项和"。

公式的推导过程是在小组讨论的前提下，由学生在黑板上推导的。针对学生的讲解，我质疑①两式相减为什么会得到下面的式子？随着学生的解疑以及我的适时补充，学生不仅加深了对这一知识点的理解，还学会了一个重要的数学方法——错位相减法。质疑②当 $q=1$ 时，为什么 $s_n=na_1$？在学生答疑的过程中，公式的推导及结论渐渐明朗起来。然后通过集体朗读、同桌相互检查、默写等形式，公式的掌握已经不在话下。

在接下来的目标检测中，力求由浅到深，以学生讲解为主，老师进行适时点拨。在理科的课堂上，学生讲错了不是个坏事，我觉得反而是个好事。学生讲错了，说明他对这个知识点理解得不够，甚至理解错误，正好我们老师可以进行反思——怎样才能把这个知识点讲得透彻，从而达到最好的教学效果。

本节课的亮点：这节课的亮点在例题的处理上。在例题的讲解上，我扩到了极限思想的高度，一是因为数学需要一种发散思维，用以提高学生的解题能力；二是因为极限思想也是初等数学向高等数学发展的一个过渡。

最值得一提的是最后一个例题的处理，"一个球从 100 米高处自由落下，每次着地后又跳回到原高度的一半再落下。问：当它第 3 次着地时，共经过的路程是多少米？"这个题目乍一看似乎跟本节课无关，因为不用本节课的知识点也能解决。但我紧接着问"第 5 次着地时呢？"学生不用本节课的知识又解出来了，我又问"用本节课所学的公式怎样列式？"慢慢地引导学生回归本节课所学内容。学生在循序渐进的基础上再来解决这个问题，就很容易了。

最后又问"第10次着地时呢?"学生自然对这一问题迎刃而解。通过这一题目,"由浅入深,由已知的知识去推导未知的知识"这一数学思想得以深刻体现。

反思:首先是质疑、答疑环节太少,并且缺少学生的质疑环节;其次是缺少导学案:通过听其他老师的公开课,我发现有的老师的导学案用得很好,导学案起到了扩充学生的知识面、巩固所学知识的作用;再次是练习有点儿少:学好数学的捷径就是多做题,在做题中将知识巩固,在做题中将知识融会贯通。

(三)幸福源于课堂效果的提升

骨干教师要强化课堂上师生间的情感投入。首先教师只有对教学、对学生投入自己发自内心的喜爱之情,才能与自己的学生和教学过程融为一体,教学任务的完成才能水到渠成。其次要热爱学生,走进他们的内心,了解、熟悉他们的性格、思想和兴趣爱好,这是在课堂上与学生情感交流的基础。在这个基础上,教师无论是安排情境导入,还是设置联系生活实际的例子,都可以加入与学生具体情况相关的内容,如此一来,教师与学生之间的交流是一种渗透着情感的交流,学生从中可以感受到来自教师的重视和关爱,无论是感悟力还是理解力都会被充分调动起来。从学生的角度看,这种积极的反应促进积极的思维,从而高效深刻地投入到课堂学习中。再次,老师利用教学之余,多与学生进行心与心的交流。可以利用课间休息时间与个别学困生积极沟通,找出他们学习上的漏洞和短板,和学生一起分析出现问题的原因,对他们给予更多关注,甚至要对个别学困生进行特别辅导,让他们感到来自老师的鼓励和重视,这样他们才愿意课下花更多的时间学习。最后对课堂表现差,甚至影响课堂教学的学生除了在课堂上警告,还应该课下立即与他们谈话,并且站在学生角度分析他们这样做的后果,必要时应与学生家长取得联系。

1.课堂小结的画龙点睛作用不可忽视

一堂课如果只重视引入,忽视小结,那么整堂课就会感觉头重脚轻,课堂气氛虽然活跃,但是认知结构的构建形不成,学生掌握的知识会不扎实;如果教学中没有探究体验,只有老师一味地"灌输",那么一堂课下来课堂沉闷,学生掌握效率极低,学生学习情绪消极;如果只关注正确的结论,忽略了错误的过程,那么教师失去了课堂的一次亮点的机会,学生也会"一错再错"。总而言之,教学的各个环节相互依存,相互促进,只有将教学环节有机结合,才能让课堂呈现勃勃生机。

教学中课堂气氛很重要,为调动学生参与的积极性,激发学生思维的活跃性,培养学生的学科素养,我总是精心设计教学的每个环节,使得教学环节环环相扣,学生的注意力集中了,知识的掌握自然是水到渠成。此时,我的内心是幸福的,整堂课一气呵成;我的内心是充实的,为学生完整地掌握了本堂课的知识;我的内心是舒服的,整堂课的重难点处理得是如此顺畅。

2. 定义讲解中的"朗读法"

遇到定义讲解时,先让学生齐读,齐读后进行重点解读和强调,之后再齐读。"书读百遍,其意自现",在齐读中,让学生进一步理解定义,同时还可以感受别的同学是如何进行认真朗读的,感受别人的精力集中程度,对自己是一种激励,也让学生明白,数学是可以阅读的。此法对学生理解定义非常有效,而且还能提高学生的注意力。

3. 重难点的突破要做到实处

讲解重难点时,注意学生的反应。当感受到学生明显吃力时,一定要放慢速度,我们的目的就是让学生接受新知;当感受到学生不解的眼神时,要重点、多方位地进行讲解,和学生产生共鸣,真正实现师生互动的课堂,课堂的效果得到升华,学生也会豁然开朗。

4. 拓展学生思路——一题多解

一题多解,这是数学的精髓。当学生也能用多种方法进行求解时,说明他对题目的研究是多么深刻,对题目的理解又是多么到位,那是一种喜欢,更是一种热爱。

5. 教师的自我成长尤为重要

(1)教师要多读书,提高自己的理论水平

苏霍姆林斯基说过:"阅读应当成为吸引学生爱好的最重要的发源地。学校应该成为书籍的王国。"在教师成长的过程中,比较集中的外在影响就是书籍。影响教师成长的书籍,包括两大类。一类是专业书籍。骨干教师经验比较丰富,对课堂教学调控自如,但是理论水平不够,需要大量的阅读和感悟。

另一类是教育类书籍,如苏霍姆林斯基、陶行知、魏书生、于永正、李吉林等人的著作,这些著作引领教师们从心灵和实践两方面成长。当有问题需要破解时,就能在这些书籍中寻找到答案。正如有篇文章说的:"没有人能够知道春风的颜色,只有当它吹拂过山川和田野;没有人能够知道教育的发生,只有当它让学习者的心灵扬起风帆;没有人能够知道孩子们的灵魂,只有当他们自由地思考和实践。"①

为了提升自己的教育教学水平,我要求自己每学期读一本专业书籍,读一本教育类书籍,而且读的过程要求自己把震撼自己心灵的地方进行抄录,把自己的随感随想写下来,几年下来,积攒了很多优秀的东西,每每读起来都如获至宝,爱不释手,并收获良多,感慨良多。

(2)勤思考,成就高效课堂

数学教学中"离教现象"较为严重。所谓"离教现象"是指,学生在学习过程中偏离和违背教师正确的教学活动和要求,形成教与学两方面的不协调,这种现象直接影响着教学质量的提高。其主要表现为:课内不专心听讲,课外不做作业,不复习巩固。这种现象的直接后果是不少学生因为"不听、不做"到"听不懂、不会做",从而形成积重难返的局面。②

为避免"离教现象"的发生,我采取以下措施:① 好的导入。"好的开始是成功的一半",教学导入是教师在一个新的教学内容开始时的第一个环节,重要性不言而喻。课堂导入语既要紧扣教学内容,又要激起学生兴趣,吸引学生的注意力。可以利用语言、视频、音频等刺激方法,通过有效教学手段的运用,唤起学生数学兴趣的一种课堂教学行为方式。简单点说,就是通过好的导入成功地激发学生的求知欲,让学生更好地学习数学。所以,这么多年我从未放弃研究每一堂课的导入。比如,在讲函数的奇偶性时,引用视频"中国的剪纸文化",视频结束后再给学生呈现一份剪纸,既进行了思政教育——中国的文化博大精深,剪纸文化更是源远流长,又与本节课讲的奇偶性的特点——奇函数的图像关于原点对称,偶函数的图像关于 y 轴对称。② 问题驱动法。课

---

① 陈祥芳:骨干教师引领共同成长——构建骨干教师发展共同体,促进教师均衡发展的研究 [J]. 教育界,2019(01):154-155+160.

② 王亚敏:初中数学教学新方式初探 [J]. 考试周刊,2011(24):89.

堂上我更多地运用问题驱动法，用问题做导向，和学生一起分析问题、解决问题，随着问题的解决，学生对知识点的理解透彻了，重难点得以分解和突破的同时，掌握这节课是水到渠成的事情。

二、在和学生一起成长中拥有幸福

教师是良心职业，既承担着教学又承担着育人的责任。在日常的工作中，当和学生通过努力取得成绩时，不光学生体会到奋斗的喜悦，养成坚韧不拔的品性，教师也从中体会到奋斗的幸福。下面就是两位中职学校教师在和学生一起备战职教高考中，体会到的和学生一起奋斗、一起成长的幸福。

（一）幸福源于脚踏实地的付出

2018年上半年，根据学校安排，我接手17级小教的数学教学任务，第一次接触高中教材的我，且学且教，一路走来跌跌撞撞。尤其高三的复习又逢新冠疫情，好在学校领导的指导和教研室老师的帮助下，努力没有白费，17级小教的数学成绩"一摸"比同类学校第二名多将近10分，"二摸"比第二名高出13分多，春考成绩比第二名多大约13分，完美收官。回望来路，感慨颇多，现将这几年教学工作尤其是高三复习的得与失总结如下，以期在反思中更好地前行。

1. 肯干

首先，我觉得态度决定一切。对待工作，有什么样的态度，就会选择什么样的行为，很大程度上决定着什么样的结果。我深知小教的孩子基础好、起点高、目标远，作为他们高中阶段的数学老师，难度仅仅满足于达到分数线48分就可以了吗？答案肯定是否定的，他们也要有扎实的高中知识做基础，才能顺利完成大学学业，才能和参加夏考的本科生同台竞争，才能有资本去考研考博争取人生的更高平台。认识到这些，我给自己的定位是：做一名合格的高中阶段数学老师，给这帮优秀的孩子打好知识基础！

大家常说"尽力就好"，我在每每说这句话的时候，总是会接着问自己一句：真的尽力了吗？还有没有更好的方式方法来挖掘自己和学生的潜力？因此，在碰到的各种问题和困难面前，我都会积极寻求、尝试各种方法。比如网课期间，录的视频不能把握观看率，就改成直播课；老师的直播课久了，腻了，就改成学生直播讲解、讨论……

总之，从接受这项任务起，日省三身，不敢有丝毫怠慢，几年来，没有一节课是应付，没有一节课没有花费大量心血备课，唯有这样，才对得起领导、老师的信任，才不辜负课堂上那一双双明亮的眼睛。

2. 实干

我深知，一分耕耘一分收获，因此在工作中从不抱偷懒念头，踏踏实实，才能"宝剑锋从磨砺出，梅花香自苦寒来"。

疫情前期，我采取的是"录播"即录讲解视频，因微信无法发布长的视频，我把视频发到"爱奇艺"账号上，将链接发给学生，前期共录了 20 多个视频，最长的 30 分钟左右，最短的二三分钟。总播放次数为 2 417 次，如图 4-13。

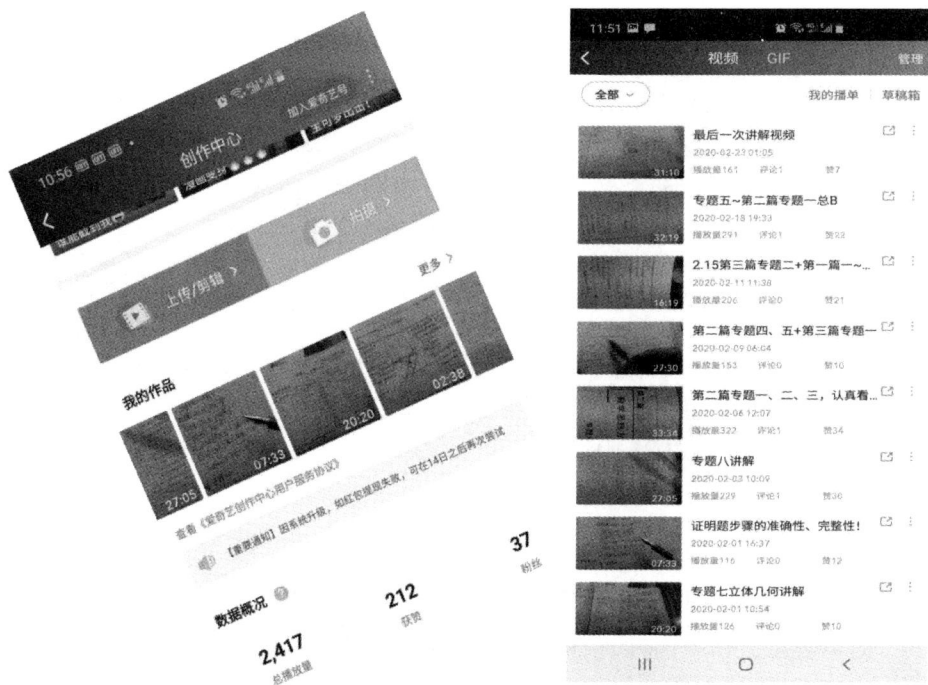

图 4-13　部分视频截图

后来发现录播有些学生不看，掌握不了学生的情况，于是改为钉钉直播，刚开始使用不熟练，走了很多弯路。和学生一起建过不合适的全员群、家校群，后来才发现最适合的是师生群。在师生群里可以直播：谁在线谁没有在线、在线多少时间、不在线的回放看了几分钟；直播中可以随时提问、师生间随时交流；可以布置作业：推荐为优秀作业全班观摩、不合格的退回重做、有瑕疵的也可以圈圈点点、写评语点评，有多少人没有提交作业，都一目了然。这些功能极大地帮助了我们疫情期间的学习。

如图 4-14：

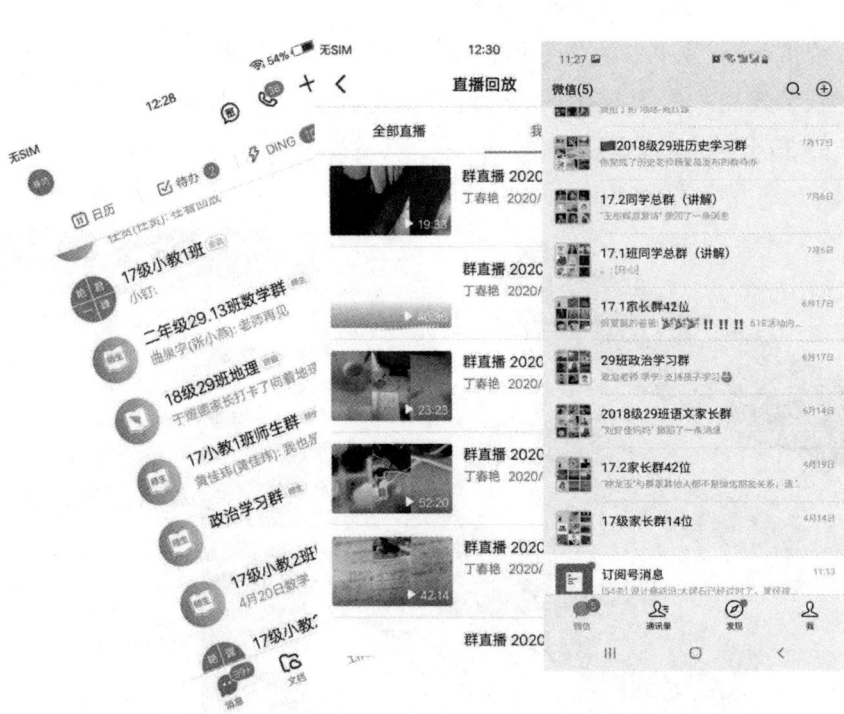

图 4-14　师生群截图

期间根据学生的学习情况，分层次建立家长微信群，使家长成为"居家学习"的监督员。其中，将两个班学习困难的 14 名学生和家长单独建群，重点关注，随时交流。

对高三的学生来说，模拟考试必不可少，疫情期间我采取重点题型重点考试、详细批改的策略，只考一道题，每个人的问题详细记下来，统一讲解，效果不错。

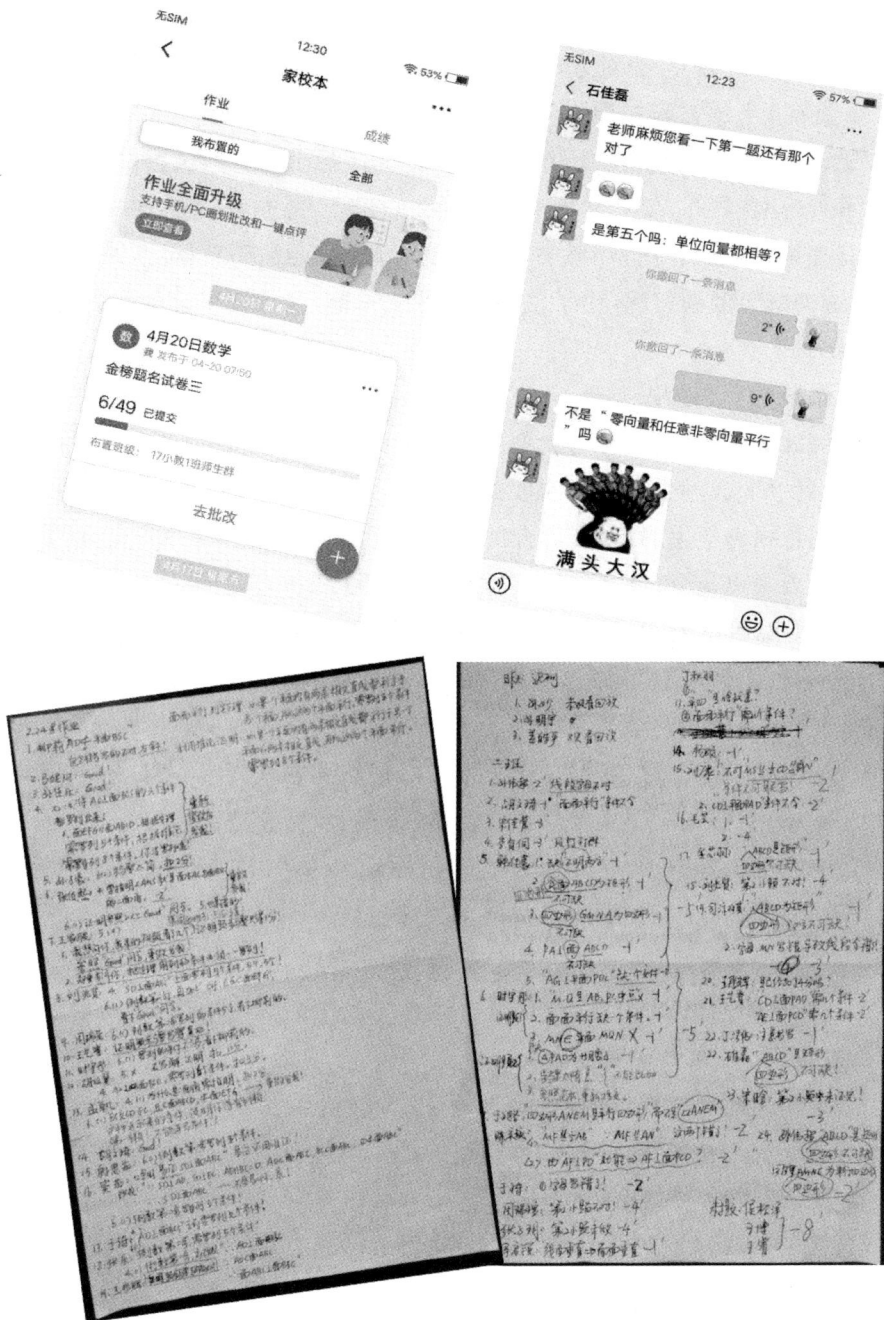

图 4-15　部分工作记录

3. 巧干

磨刀不误砍柴工,找对方法也很重要。下面就是一些具体做法:

a. 重视《考纲》,紧扣课本

要认真研究《考纲》及历年高考真题,要仔细研究高考试题的特点、知识点的考查题型、规律,要让学生清楚考什么知识点、怎样考、难度怎样等等。教材具有提纲挈领的作用,用教材而不拘泥于教材,要钻研教材,从教材中总结规律,透彻研究例题习题,明了蕴含在其中的思想,老师要引领学生去发现、提炼,总结。

要钻研教材,追根溯源,一句"用教材教,而不是教教材"的话不断在重复。这些课本上的例题、练习就像散落的珍珠,只要经过老师的发现、打磨、提炼,它们就会变成学生所需要的项链。

b. 注意强调学生书写规范,合理运用答题策略

学生要考出高分,老师就应该做到如下几点:

(1)揭高目标要求:要给学生设定合适的目标,既不能低于学生的水平,也不能让学生望尘莫及,应该是通过努力就能达到的目标。同时要培养学生追求完美,不断超越的学习品质。

(2)规范书写表达:春季高考对细节有很高的要求,我们要针对不同的题型规范解答格式,同时要求数学语言简洁、准确、卷面整洁。

(3)挖掘自身潜力:运用积极心理学知识对学生及时肯定、鼓励,调动一切非智力因素,充分挖掘学生自身潜力。

(4)探求多解最优:一般的题目都有多种方法,每一种都是值得探究和深思的,可能反映了不同的思想和方法,让学生在不同解法中体会,最简最优的解法能够起到事倍功半的效果。

(5)杜绝低级错误:在很多情况下,失分是因为犯了低级错误,这就要想办法提高学生的运算正确率、加深知识的深刻理解、加强规范化训练等。

c. 明确复习计划,侧重阶段提升

三轮复习要有条不紊、不折不扣地进行。

第一轮复习重基础:

扎实的数学基础是成功解题的关键,因此在第一轮复习中,我格外突出基本概念、基础运算、基本方法。具体做法如下:

（1）系统地对知识点进行逐点扫描和梳理,确保基本概念、公式等牢固掌握,做到面面俱到、不留盲点和死角;

（2）加强主干知识的生成,重视知识的交汇点;

（3）重视学生计算能力、空间想象能力、逻辑思维能力的训练;

（4）规范解题步骤。

第二轮复习重专题:

这一轮复习重在提炼,重在第一轮的薄弱环节和高考的重点、热点,应以学生为主,通过对典型题型的分析让学生归纳出解题规律。

第三轮复习重技巧:

本轮复习应以实战为主。试卷要有整体性,重点知识,重点突破;要有前瞻性,要有意识地加入客观题的限时训练,以提高学生解答客观题的准确度与解题速度。

（1）容易题争取不丢分——规范表述。准确运用数学语言,解题中不要出现不恰当的"跳步",跳步容易失分。当然也不要出现不必要的多余的步骤。

（2）中等题争取少丢分——得分点处要写清楚。容易题和中档题是试卷的主要构成部分,是考生得分的主要来源,要确保基础分,力争不丢零碎分。

（3）较难题争取多拿分——知道一点写一点,一道题做不出来,不等于一点想法都没有,不等于所涉及的知识一片空白,应尽量将自己知道的写出来,特别是解答题应注意这个问题。

（4）克服"草上飞"的问题。把书写作为日常常规来抓,做到卷面清晰美观。

我认为教育之初心在于温暖心灵,而不是追求分数。在和孩子一起学习的过程中,我也不过分看重分数。我只认真分析成绩背后的现象,根据现象看问题,根据问题做调整。我的情绪也不因为成绩的好坏而上下起伏,从而对学生的态度变来变去。但作为任课教师与学生谈心的机会很少,我就经常在批改作业时留下评语。当某些孩子因为成绩进步而沾沾自喜时,我会在作业本上给予三两句的点醒;当某些孩子因为成绩退步而萎靡不振时,我也会适时给予鼓励和安慰。通过这种交流方式,我和学生之间,心与心贴得更近了,在心灵的碰撞交汇中,老师的职业幸福感油然而生。

（二）幸福源于无怨无悔的奉献

我于 2018 年承担 2018 级小教专业 3+4 数学春季高考工作，通过抓课堂效益、精讲精练、托底培优等举措，使 2018 级数学春季高考成绩创历史新高：98 名同学全部以绝对优势顺利转段，平均分达到 111.8 分，100 分以上同学 97 名，其中 6 名同学取得了满分 120 分的好成绩。

回首这三年的历程，我觉得满满的收获、满满的幸福，以至于每每想起 2018 级的学生，心里总是抑制不住地乐，发自内心的高兴。我觉得以下这三方面很重要——夯基础、讲策略、重心态。

1. 夯基础

2018 级小教的学生入学最低分是 680.5 分，这说明他们在初中是学习中的佼佼者，他们还没入学，我就已经心潮澎湃了。怎样让这群孩子一直优秀？如何保持他们的学习热情？怎样教才能让他们认可对数学的学习？静下心来，为把他们个个培养成优秀的学生，我和自己约定：认真对待每一堂课，使课堂的 45 分钟有效、高效。为此，第一堂课我强调学科特点，并对数学课进行要求，高中的数学不同于初中，知识上明显难了许多，这对于有些孩子来说只是一个上坡，对有些孩子来说那就是一堵墙。所以，能不能顺利度过这个过渡期，关键是态度。所以，数学课没有极特殊的情况，不准缺课。在这个特殊的要求下，三年了，18 级的学生没有一个无故缺课。和学生做朋友，拿真心换真心。三年来，我一直践行初心，做学生知识的领路人。重点的题目重点讲，特殊的问题变着法讲，难点的问题慢慢讲、反复讲。自始至终，严格要求。春考的题涉及的知识面广，但难度不是很大，对 3+4 的学生来说掌握住知识点并不难，难就难在不走心，不学。这时严格要求就显得格外重要，每天我都坚持抽查作业，因此学生的作业完成情况一直很好。

高一至高二的下学期前 2 个月，这一年半多的时间都在讲授新课，其实也在夯实基础。在这段时间内，平常的小细节要强调到，比如分析题的思路、关键的解题步骤等等，在新授课时强调到位，高三的复习只是重复所学内容。

2. 讲策略

天天学数学，天天做题，也有疲倦的时候，作为老师我们是可以感受到的，课堂气氛不如以前积极热烈了，作业没能及时完成，鼓劲！课前来点儿心灵鸡汤，做做思想工作。比如生活是一面镜子，你对它笑它就对你笑。学数学再细都不过分，对待学习的态度是认真的，你的成绩就一定不会差到哪儿去，因为你认真研究过每一个知识点，思考过每一个疑问点，总结过每一个错误点。深入思考的结果，不仅是拥有一个漂亮得让人羡慕的分数，更重要的是你养成了一种好的思考问题的习惯。其实，学生愿意听老师分享心得体会，成功的经验，愿意听老师唠唠家常，毕竟他们还是一群孩子。之后，这节课也就很顺畅了，我们的目的就是让学生好好学习，天天向上。

高二，迷茫期，这时候进行一些适当的鼓励和引导，效果也是很明显的。17 级有 2 个学生比较优秀，请学哥学姐现场分享学习心得、成功经验，是一种引领、解惑，更是一种激励。

3. 定标准

一轮复习：全面、扎实、系统、灵活。全面覆盖所有内容，扎扎实实学好每一个知识点，系统串起本章知识框架，灵活对待重难点。因为时间安排合理，18 级一轮复习比青岛市统一进度提前好多，所以我有更多的时间和学生静下心来思考哪一章复习得还不够好。经调查发现，排列组合、立体几何、解析几何这三章学生掌握得还不够好，于是立即找资料再加工。这三章实际上一轮复习进行了 2 遍。一言以蔽之，一轮复习的核心：低起点、密台阶、各类学生都照顾；小扣网、拖拉机、大小知识都要抓；小技巧、小方法、讲清讲透练到家。

二轮复习：承上启下，是发展学生思维水平、提高综合能力的关键时期，对讲、练、检测提出更高的要求。要使学生掌握的知识系统化，抓好解题规范训练，提高解题速度和准确度，实现由学生到考生的转变。充分利用好二轮复习的复习资料，这些书所涉及的题目全面而且难度比较合理。学生一边做一边通过课堂讲解进行反思和提高。在这期间，学生的进步是很大的。每次考试，我都会将学生的考题和分数记下来，进行认真分析，寻找错题的根源，进行专门讲解和提升。

三轮复习：将知识点进一步归纳总结，《提高卷》特别好，难度上和青岛市的二模考试难度类似，正因为好好把握了《提高卷》，认真、细致地讲透每一道题，在二模考试时取得了比较优异的成绩，平均分比第二名高 16 分。二模虽然取得了比较优异的成绩，内心窃喜了一下，但马上明白这不是最终的春考成绩,要乘胜追击。于是立马和学生进行理性分析:不该失的分一分不失,不放松,奋力拼搏。五一放假几天,每天固定时间在钉钉群直播学生做题现场,做到心中有数、心中有底。

4. 重心态

心态,我理解就是传递给学生的对待数学课的态度。

严谨:前2年,扎扎实实上好每一节课,告诉学生,要想两年后的复习得心应手,那么从现在开始,2年的马拉松。其间,也有过不安、彷徨,但只要坚持下去,并持续付出,一定可以脱颖而出。

平和:一轮复习,稳扎稳打,全面有序。

专注:二轮复习,步步紧跟,专注于自己的内心,专注于每一堂课,精彩而有深度。

不急不躁:一模二模,理性分析,为春考做充足的准备,要求学生做到6个"要",向基础多要1分,向纠错多要1分,向方法技巧多要1分,向书写规范多要1分,向数形结合多要1分,向信心多要1分。

通过三年如一日的规划、培养、辅导,以及"精讲精练、托底培优"的举措,2018级学生完全顺利高分通过春考。

其实,学生在高三下学期也出现过瓶颈期,我感觉学生疲沓了,没有激情了,上进心、求知欲一下子没有了。这可急坏了我,怎么办?思来想去,我主动要求校领导让我给学生开动员会。内容是这样的:

态度决定成败。同学们,我们的复习从高二下学期第三个月拉开帷幕,经过长达一个学期的一轮复习,可以说方法已经全部教给大家,剩下的就是态度问题了。我们常说,"生活是一面镜子,你对它笑他就对你笑",如果我们对待学习的态度是认真的,而不是模棱两可的,你的成绩就会很棒。因为你认真研究过每一个知识点,认真思考过每一个疑问点,认真总结过每一个错误点。深入思考的结果,不仅是拥有一个漂亮的让人羡慕的分数,更重要的是你养成了一种好的思考问题的习惯,即严谨而全面地思考问题的习惯。这种严谨认真的学习态度是一种习惯、一种积累、一种眼光,更是一种智慧。现在,有的同学这道题扣了几分觉得不要紧,那道题扣了几分也觉得无所谓,可是这几分的和就是一个大分,这也是有些同学觉得题目都会,但成绩一直不突出的原因。因为你不注意细节，态度不认真。一位名人说得好，"播种行为，收获习惯；播种习惯，收获性格；播种性格，收获命运"。人的习惯就是一种潜意识，比如，晚上睡觉前，经常进行自我反思：今天的作业完成了吗？课堂听讲认真了吗？及时纠错了吗？请教同学或老师了吗？同样的错误没犯过第二次吧？……在细节上下功夫，态度就认真了，成绩提升还是个问题吗？

脚踏实地。我们既要仰望星空，又要脚踏实地。仰望星空，勾画未来美好的蓝图是必要的，但更要脚踏实地，走好当前的每一步。春考就在眼前，对有些同学来讲，你一定能过关吗？成绩能过关的同学，你能不能达到优秀分数线？你冲刺过满分吗？这就要求在接下来的 7 个周的时间里，人人都要脚踏实地上完每一节课，认认真真每一天。我相信，脚踏实地的同学，你的内心是充实的，当你回首往事时，不会因为碌碌无为、虚度年华而悔恨，而是满满的幸福感。风从水上走过，水面泛起层层涟漪；时间从树旁走过，留下圈圈年轮；雨从大地间走过，留下成片雨滴；你们在学校奋斗过，留下的就是一步步成长的印迹。数学是一门连续性特别强的学科，功夫在平常，一蹴而就是奢求，所以学好数学更需脚踏实地上好每一节课。春考的脚步已经近了，7 个周的时间，完全可以产生奇迹。同学们，不要再犹豫，马上行动起来吧，正如你们自己说的，"此时不拼更待何时"？

同心协力。老师是这个世界上唯一一个和学生没有血缘、却和自己的父母一样希望学生优秀的人。所以，三年来，我认真对待每一节课，如今，到了我们同心协力、勇创佳绩的时刻，让我们一起努力奋斗吧，不辜负韶华，不辜负领导、老师的期盼，不辜负家长的支持，去创造自己的辉煌吧！

这次动员会的效果恰如我期待的一样，学生重整旗鼓，找到了前进的动力，重拾干劲与拼劲，精神饱满地投入到最后的冲刺中。经过三年的拼搏和风雨的洗礼后，春考的成绩是傲人的，是灿烂无比的，是让我倍感幸福和骄傲的。而三年如一日的奋斗过程、自始至终的干劲、三年的整体规划更让我觉得无比充实和无以言表的满满的幸福。

（三）幸福源于与新教师的交流切磋

幸福也源于和同事的共同成长，下面就是一位老师在"以老带新"的过程中感受到的幸福。

2020 年,按照学校的要求,我与一名刚入校的新教师结对,成为师徒。这是一把双刃剑,激励新教师成长的同时,也激励自己不断前进。青年教师因为刚刚大学毕业,大多有较高的专业知识体系,有较强的探究学习能力,但缺乏的是一整套行之有效的学科教学的实践方法。因此,如何将青年教师的专业知识转化为教学方法与能力,成为新教师本人需要思考的问题,也是我这个"师父"需要重点思考的问题。为有效地培养青年教师,加速青年教师的成长,我们师徒结成"成长共同体",一起"磨课""磨题""磨心"。

1. 磨课

相信"磨课"是很多学校的传统项目,而我们师徒听课与评课,不是流于表面,而是扎扎实实落实到每一节课。新教师要去听我的课,课后要有具体的收获感悟;我要定期去听新教师的课,课后要有具体的方法指导。除此以外,就是师徒一起磨课。特别是每学期的公开课以及其他交流课、比赛课,更是需要师徒一起反复斟酌教学的每一个环节,反复推敲每一个教学内容,反复研讨教学过程中的每一个细节。于是,可以经常看到这样的情形:我们师徒形影不离,有时并肩研讨,有时促膝长谈,新教师拿着笔和听课本,而我则毫无保留地倾囊相授……

新教师有新教师的优点,接受新东西快,所以,在每堂课的引题上总能别出心裁,总能恰到好处地融入思政元素,并引出新课。要知道数学的德育渗透的确需要一个好的切入点,这一点是值得我学习的。而我总能就一个知识点从不同的角度去讲解,有时为了突破难点我们进行深入探究,怎样将这个难点变成几个疑问点?怎样设计这些问题?深入探讨,进行层层铺设。这样一来,课容易上了,课堂生动了,学生的兴趣上来了。收获的不仅仅是如何上好一节课的幸福,更是师徒之间默契的幸福。

2. 磨题

青年教师的专业化发展,不仅体现在课堂教学和班级管理方面,同时也体现在出题和出卷上。我们教研室每个学期都会编制一些平时的练习题,重要的章节还会命制单独的章末检测题,每学期还会命制两次正规的期中、期末题等。这些题目的命制,恰恰是青年教师成长的绝佳机会。题目如果由经验丰富的教师编制,青年教师就得不到培养和锻炼,但是青年教师在经验与方法方面较为匮乏,需要老教师的指导。于是,我们师徒想出了一个"师徒磨题"的方法:题目先由新教师编制,最初可以选题,继而可以原创,然后再由师父审核,从命题思路、知识与能力考点、设问方法、答案要点甚至题目的审美形式等方面,给予全面指导。

在这个过程中,新教师不仅全面掌握教材内容,而且全面掌握学生的学习情况。对我而已,要求更高了,给予别人一碗水,自己须有一桶水,我需要学习更多的知识,思考更深刻的问题。这种相互帮助、共同成长的幸福是满满的。

3. 磨心

师徒相处,不仅是专业知识与教学能力的切磋磨合,同时也是感情的磨合。对于刚走上学科教学和班级管理岗位的新教师而言,工作刚起步,内心难免会充满焦虑,这种焦虑得不到及时缓解的话,会影响青年教师对自己的职业期待,从而过早地进入"职业倦怠期"。曾经的我也是个什么都不懂、茫然不知所措的新教师,是学校给我找了师父,带着我迅速成长,于是我知道了师父的重要性。在师徒相处的过程中,面对新教师的焦虑与不适,我及时进行疏导,从而新教师可以更好地从事自己的教育工作。而且,青年教师大多刚走出象牙塔,对社会、对单位、对人际关系都缺乏一定的了解。工作,不仅仅是一种职业,更是一种社会化活动,在老教师的指导下,青年教师也可以迅速转变身份,从一个学生转变成"社会人",这样就可以调整自己的价值观与心态,从而迅速融入一个团队。这种师徒之间的"情感态度价值观"的濡染是无形的,这种心与心的交流留下了满满的幸福感。

教育是一种慢的艺术,成长是一个漫长的过程。对于刚刚走上工作岗位的青年教师而言,只有分清主次,抓住重点,才能迅速站稳讲台,逐步成长为学科组的骨干力量。

三、"从关注自己到关注学生"的转变中体会幸福

(一)跟从教育大师领悟幸福真谛

陶行知先生是一位知名的教育先驱,他拥有一套独特的教学理论,至今这套教学理论仍给予后继教育者以启示。在陶先生的众多教育思想中,给人感悟最深的是要热爱学生、尊重学生、做学生的良师益友。所以骨干教师就要追

求做学生的"良师益友"。

1. 热爱学生

从陶行知先生的教学理论可以知道,他深深热爱着学生。归纳陶行知先生的教学理论,可以总结出陶行知先生是用这样的方式开展教育的:第一,真正从学生的成长出发,给予学生引导;第二,重视学生的情感体验,他认为教师要重视学生的情感体验,让学生乐于学习知识;第三,陶行知先生认为学习就是生活,生活就是学习,他鼓励学生从生活出发来学习知识。从陶行知先生的教育理论可知,他的教学中心就是孩子,他开展教育的目的就是结合孩子生活、特长、需求,引导他们学习,帮助他们成材。教师面对的是一个个鲜活的生命,是一个个天真可爱的孩子。每一位学生都渴望老师关爱他们,尤其是那些来自特殊家庭的学生更是如此,为此,骨干教师更要用师爱的温情去感化学生,让学生在和谐、温馨的氛围中、在亲切的师生关系中接受教育。

2. 公正地对待每一个学生

师生之间做到平等相待,不能以学生成绩好差、听话或调皮为由偏爱一部分学生而冷落一部分学生。教师公正对待学生的意义,是为了告诉学生,他们虽然特性不同,但都有成材的机会,教师不会因为他们的差异性而区别给予帮助和引导。

3. 与学生进行情感交流

师生进行情感交流的第一个目的,是为了让学生感受到教师的感情,即让学生了解教师是爱学生、愿意学生成才的。学生只有感受到教师的感情,才会愿意接受教师的引导。师生进行情感交流的第二个目的,是为了找到更好的沟通方法,教师的教育工作是要通过和学生沟通交流实现的,教师如果不够了解学生,只会站在自身立场上向学生讲授理论知识,那么教学将缺少针对性。因此,师生进行情感交流可找到更好的沟通方法,以促进学生成才。师生进行情感交流的第三个目的,是为了和学生同步成长。教师的教育和学生的成长是一种相辅相成的活动,教师在教育学生成才的过程中可以实现自我的价值,可以获得提升;学生接受教师的教育,可以快速成长,快速解决学习难题。因此,教师要让学生了解他们能促使老师进步,优化老师的教学工作。当学生意识到教师和他们同步成长的关系时,便能更好地配合教师的教学工作。[①]

4. 抓好课堂

骨干教师要让每一堂课的教学,都成为学生掌握知识的一种认知过程;努力把教师的外部指导内化为学生的能动活动;总是在怎样才能唤起学生更深层次的思考和如何才能引导学生主动地探究新知上下功夫;努力使学生不仅增长知识,而且能力也得到训练和培养;努力呈现知识内在的规律和更深层次的理解;努力和学生真正互动,形成和谐的关系,做学生良师益友……为做好这些,骨干教师要深入钻研教材,以便准确地把握教材的重难点;重复地熟读教材,以便使教学思路更加清晰;认真地研究每道习题,以便使自己的讲解清晰到位。因为,教材不同于一般参考材料或其他课外读物,它是按照学科系统性,结合学生的认知规律,以简练的语言呈现在学生面前的。知识结构虽然存在,但思维过程被压缩,学生看到的往往是思维的结果,看不到思维活动的过程,思想方法更是难以实现。

在经历了风雨的洗礼之后,每一位教师才能更加懂得“良师益友”的内涵,在品尝了生活的五味瓶后,才会更加珍惜那种“内心充实的满足感”。

(二) 幸福源于师生间心与心的贴近

教师不但要传授学生文化知识,还要经常与学生在感情上进行沟通。教师要利用课余时间与学生交心,在生活上关心学生,与学生平等沟通,让学生感到老师的真心。教师只有与学生进行心与心的沟通,才能真正走进学生的心灵,才能有助于我们的教学育人。以下就是一线教师在这方面的体会。

“做一名老师,是我从小的夙愿,因为一名真正优秀的教师能在学生心灵中驻扎一生,影响一生,我希望我的学识、道德、思想能够诉诸学生内心,有助于他们健康成长!”

——写在当年找工作时简历的扉页上

且不说当老师是不是夙愿,但当时对能做一名好老师是有着相当自信的。然而,工作将近二十年了,回首来路,却感到相当惭愧:我是一名好教师吗?我所诉诸学生内心的对他们的健康成长有帮助吗?

---

① 蔡亚琴:爱学生 尊重学生 做学生的良师益友 [J]. 新课程 导学,2018(12):2.

　　记得刚参加工作的 2000 级是我教的第一批学生，我是怎样给他们上课的？每一堂课都是我一个人从头讲到尾，精力全放在怎样把自己准备好的东西讲出来，全然不顾死气沉沉的气氛，无精打采的学生及昏昏欲睡的眼睛……。自己还陶醉于"精妙"的课堂设计上！

　　由此，结果不言而喻，一年下来，我的学生评教成绩很差，但我并未意识到问题所在，依旧我行我素。第二年依旧如此，我开始警觉：我的数学课不是思路清晰、逻辑明了吗？语言、板书、表达我哪样不行？我开始审视自己，每一堂课都要求自己像出公开课那样严谨，滴水不漏，却未肯将自己的眼光投向学生、投向学生的感受。结局可想而知，成绩虽然有了一点儿进步，但距离我的目标相差甚远，学生不接受、不认可的老师是无论如何都不能成为一名好老师的。晚上睡不着，我问自己：是因为学科太枯燥？是因为我不是班主任与学生接触太少？是因为非理性学生对数学重视不够？还是因为自身性格的原因？那是怎样的一段不堪回首的日子啊！害怕去上班，害怕进教室，对办公室其他老师的玩笑都觉得刺耳，对家人也乱发脾气。我完全在一种自我否定的情绪里。

　　直到有一天，一位老教师说："哪里跌倒，哪里爬起来，什么都可以学啊，不信你试试？"短短几句话，警醒梦中人，不破不立，我一定要努力改正自己。

　　接下来，我开始有意识地阅读报刊、专业书籍，从书上找理论了解前沿观念；观察周围老师的做法，从他们身上找具体事例，与自身比较。模仿电视主持人鼓动人心的语言方式；甚至找过心理性格分析等方面的书籍……我渐渐明白，"评价一个成功的教师的标准，重要的不是看你教没教会学生某个公式、某个概念，而是学生对这门课程和学科的兴趣度和热爱度。"（杨振宁）刚开始做时是僵硬的、刻意的，我清楚记得在学习公式时，我一改往日让学生死记硬背的做法，设计了几个游戏：分小组比赛，开火车……并在最后我也高歌一曲作为老师对学生投入学习的鼓励，当掌声响起来时，我从心底感觉我与学生走近了，他们开始接纳我了。

　　慢慢地习惯成了自然，我已经习惯微笑着走进教室，用微笑和"你好"来回答学生们的"老师好"；我也习惯课堂上留意学生的反应，时不时来个花絮调动学生们的学习情绪；也习惯课下和他们交流，去真正关心他们的思想和生活。记得有一次，我正给不太爱学习的计算机班上课，一个学生站起来说要去厕所,我同意了,但是在接下来的两节课里,他都没有回来,怎么办?这是个经常旷课、不爱学习的 20 多岁的大学生,是告诉班主任使其受批评,还是自己亲自找找他做做思想工作,能做通吗?他大概被许多老师都找过了吧?也不能放任自流,他这是明知故犯啊。想来想去我决定"软处理",临下课时我对班长说:"赶紧到厕所看看……,别出什么危险啊。"我想,一定是班长转达了我对他的关心,让他感受到老师是关注他的,反正从此以后他再也没有旷过课。

久而久之,我发现变化的不仅仅是课堂,课下我更快乐了,更愿意结交朋友,与同事相处得也更融洽,家庭气氛被我营造得越来越好,原来,这一切真的是相辅相成的啊。一个好老师,首先应该是一个快乐豁达、善良真诚、乐观向上、宽容执着的人啊,只有这样的人,才能以自己的真诚去换取学生的真诚,以自己的正直去构筑学生的正直,以自己的纯洁去塑造学生的纯洁,以自己人性的美好去描绘学生人性的美好,才能在学生心灵中驻扎一生,影响一生,才能真正地有助于他们的健康成长,而老师也能从中收获自己的职业幸福。

(三)幸福源于心底对学生浓浓的爱

比起其他职业,教师这个职业是高雅而又伟大的。高雅,是因为教师生活在知识的海洋里,整天和书本打交道,与知识为伴,冥思苦想的结局是专业知识的进一步加深;伟大,是因为教师是跟天真无邪的孩子打交道,做的是育人的工作,讲的是做人的道理,从孩子那双渴求知识的眼睛里,我们读到了很多,包括信任、尊敬。所以骨干教师应该有这样的信念:"献身教育事业,做学生的良师益友"。

下面就是两位一线老师在实际工作中的体会。

教师一:

"良师益友"四个字可以说充满了诱人的魅力,真正做到这一点的过程中有着太多的辛酸。有时候,真希望自己是个心理医生,能治百"病"。

我们班一女生近期表现异常,别的同学跟她打招呼,爱理不理的,整天埋头不说话,时不时还掉眼泪,心情异常沉重。于是,我首先找和她比较要好的同学了解情况,在排除了家庭的原因、又排除了同学之间感情的原因后,那么只有一种可能——就是自身情绪的原因。晚自习,我把她喊了出来,面对满脸泪痕的她,一股怜悯之情油然而生,我深深懂得外出求学的不易,因此,我试着说："好多同学反应你最近心情不太好，你看，大家都很关心你啊！"轻松的开场白后，我展开了心理攻势，女孩哽咽着，很委屈的样子，我接着说："办法是人想出来的，天下没有过不了的火焰山……"她还是无动于衷，哭哭泣泣，我若有所悟地继续说道："你不能封闭自己，无论发生什么事，你都不能不跟别人交流了，有些事值得去想，那你就去想，没有必要的，就不要自寻烦恼。凡事多往好的方面想。"女孩不得不开口了："老师，我觉得自己活得挺没劲，家里供给不容易，而自己什么都不如人。"此时此刻，任何鼓励的语言都会显得苍白无力，于是我选用了激将法。"你太悲观了，你把自己的定位定得太高了。你为什么会失望？因为你把自己要求得太完美无瑕了……"。渐渐地，女孩抬起了自卑的头，我想，我不需要再讲下去了。

就这样，在经历了风雨的洗礼之后，我更加懂得了"良师益友"的内涵，在品尝了生活的五味瓶后，我更加珍惜那种"内心充实的满足感"，也更加坚定了我做"良师益友"的决心。

学生毕业了，他们有的逢年过节电话问候，有的贺卡问候，有的给我写信。每每收到这些发自内心的、充满热情洋溢的问候时，我内心的幸福是满满的，是溢于言表的。作为教师，夫复何求。

教师二：

在我们的一惊一乍中，儿子6岁了，他健康活泼，是全家人的中心和宝贝。有时，我常想，与其说是我们在教育抚养他，想使他幸福成长，不如说，他在主宰和左右着我们的幸福神经。儿子激发了我们内心深处最深刻的情感—父爱和母爱，我相信源源不竭的爱会滋养他的一生。而同时，作一名班主任，面对班里的40多个学生，为人母6年的我慢慢意识到，其实也就是面对40多对父母的孩子，无论什么事，从"孩子"这个角度看他们，内心就会多一点温暖和宽容，少一些生气和苛责。

"你是一个可爱聪明的小男孩，有一双漂亮的大眼睛，每天的衣服都干干净净，老师和同学们都愿意和你玩，我们都很喜欢你……""在学校的一个多月的时间里，你的进步很大，听讲也特别认真。以后你能每天都按时来学校上学吗？"当看到幼儿园老师给自己孩子的评语，为孩子骄傲的同时，多么感激这些亲切的老师啊，而令人汗颜的是自己有时给学生的评语内容雷同，冠冕堂皇，而他们的父母也期望能从中找出孩子在学校的表现，和在老师眼中的形象吧？

比如说，自己的孩子再怎么平凡普通，也希望在他的求学之路上遇到的老师能够给予他足够的重视和关照，而班里，也总有一些不显山不露水、不突出不犯错、容易被忽视的孩子，是否曾真正创造一些机会让每一个孩子都有展现自己的舞台？

比如说，自己的孩子犯错了，训了几句，看到泪迹斑斑的小脸，心一下子柔软起来，而学生尤其是一些调皮的男孩子偶尔的淘气犯错，是不是也是点到即可，而不用一查到底，非要冠之品质恶劣的帽子？

比如说，自己孩子的点滴进步—会唱儿歌了，会扭屁股跳舞了，或者冷不丁说了一句富有"哲理"的话，都会让我们乐上好几天，而班里的每一个孩子的进步，自己是否都及时给予了肯定和鼓励，而不是将眼光仅仅放在那些成绩突出、乖巧听话的学生身上？

当意识到自己一言一行的影响才是对孩子的教育，也就是"教育孩子的本质是家长的自我教育"时，是否也考虑到说教其实对现在的学生没多大作用，自己早晨和学生一起早起跑操、拿起扫帚亲自打扫卫生比起一味地要求学生更有说服力？

当为了教育孩子而恶补育儿知识时，是否意识到其实也不怎么了解当今学生的心理，不但应该读教育学心理学原著，而且也应该对学生热衷的流行歌、明星、电影有所了解，以期和学生有共同的语言？

当每一天看天气预报就为了决定明天孩子穿多穿少时，是否也应该提醒咱们的学生及时增减衣服、开窗通气、避免感冒……毕竟他们也是孩子啊。

当意识到自己的孩子无论怎样，自己都会永远爱他，永远在背后支持他，而班级里，也总有一些顽固不化、屡教不改的学生，自己的想法是"你赶紧走吧，多一事不如少一事，给我添这么多麻烦！"真的换位思考了吗？想到他们的父母眼在流泪，心在滴血吗？

再比如说，家里只有一个孩子，所以，在一些重要事情上，希望这个"重要成员"能够在场，像老人过生日，像老人生病，可是当有学生以"回家看望生病的爷爷或奶奶""哥哥或姐姐结婚"等理由请假回家时，我这个班主任往往以"学习为重，不能耽误学习"为由生冷地拒绝他们的请求。课落下了，可以再补，而亲情落下了还能再补回来吗？孰轻孰重？

其实，每一个学生对于他的父母都是他们的唯一，和我们一样。记得有这样一个小故事，有甲和乙两个人，有一天，甲好不容易搞到一个蛋糕，不舍得吃，准备送到学校给自己的孩子吃，可突然临时有事不能去学校了，这时，正好碰到了乙，于是甲对乙说："请把这个蛋糕送到学校让我的孩子吃。"乙对甲说："可我不认识你的孩子呀。"甲说："那个最漂亮的学生就是我的孩子。"乙说："好吧。"过了两天，甲得知自己的孩子并未吃到蛋糕，心里非常生气，于是去找乙理论，乙辩论说："你不是说哪个学生最漂亮，就把蛋糕送给他吗？我觉得我的孩子最漂亮，所以就把蛋糕送给了我的孩子。"这虽然只是一个笑话，但从另一个侧面说明，在父母的眼里自己的孩子永远是最美的。

有人说："爱自己的孩子是天性，爱别人的孩子是神圣。"我们当老师的既然选择了"教师"这个职业，也就意味着我们要选择"神圣"。那么就让我们努力像爱自己的孩子那样来爱我们的学生，不让学生失望，不让学生的父母失望，也不让自己的孩子失望。而我们必然也从把学生当成自己的孩子来对待过程中，收获"为人父母"幸福。

四、在引领学生领略知识的神奇中传播幸福

马克思说过：人类的社会生产活动是按照"美学原则"进行的，作为精神产物的数学知识也是符合美学原则的。在数学教学过程中，让学生了解数学的内在美，比如定义的简洁美、公式的对称美、比例的黄金法则美、推导的严谨美等，要引导学生欣赏这些数学之美。如何在美的启迪之下，开展数学教学，下面就是几位一线教师的具体做法。

（一）幸福源于知识出人意料的奥妙

2001 年 9 月，带着金色的梦幻，怀着青春的豪情，我成为一名人民教师。当走上神圣的三尺讲台，我确实感受到了自己肩上的重任。就在那时，我暗自下定决心，必将于此，注满我的情，倾尽我的心。

然而，理想很丰满，现实很骨感。从毕业至今，我所任教的孩子大部分都是初中起点 3+2 的孩子，也是基本上考不上普通高中的孩子，他们数学基础薄弱、没有升学压力，学习兴趣不浓厚，上课时经常走神、打盹、作业也不认真做，作为一名数学老师我非常困惑，扪心自问，难道这种状况就是当初我投身教育

102

事业的初心吗？不断地出发，慌张地奔跑，于是便常常会忘却了本真，忽略了那些最重要最珍贵的东西——那便是教育之初心。

我认为教育贵在引导和启发，而不是灌输和讲授。既然数学学习兴趣不浓，就在提高学习兴趣上下功夫：每节课我都认真创设生动有趣的问题情境，让学生不断去探索发现，去解决问题，让他们产生一种成功的愉悦感，从而激发学生的学习热情。

比如在学习指数函数的时候，只有定义、图形、习题的课堂难度大、内容枯燥，很难吸引学生的学习兴趣。我曾用过这样几个有趣的例子，作为导入或复习，引起了学生极大的兴趣。

$2k$ 的故事：有位爱好象棋的国王听说民间有位象棋大师水平很高，国王就想与之比赛，国王对大师说："你若输了，人头落地；你若赢了，你可以提任何条件。"大师沉思良久，说："我若赢了，您能答应我一个小条件吗？"国王答应大师："你想要什么给什么，金银财宝多得是。"大师看了看有着64格的棋盘，气定神闲地说："我只要在棋盘上的麦子就可以了，在第一格放一粒麦子，第二格放2粒，第三格放4粒，以后每一格放的麦子都是前一格的2倍……，直到最后一格。"国王觉得大师真是个傻瓜，放弃这么好的发财致富的机会，无论要什么东西都比这几粒麦子有价值，大师还是笑了笑，请国王依允，国王只好答应。谁知，大师真的赢了，国王兑现承诺的时候到了，但是国王此时却目瞪口呆。这是为什么呢？

再如把地球当作一个标准的球，那么赤道就是一个标准的圆，现在想在赤道上绕一个钢圈，这时钢圈的周长就是地球的周长，约为 $2\pi R km$（$R=6\,370\ km$），这时钢圈紧紧贴在赤道上，不留任何间隙。问题是将这个钢圈的周长增加 $1\ m$ 的长度，这时在钢圈与赤道间能否伸过人的拳头？

以上2例给学生时间去自由地猜想、辩论，我对其正确性不参与任何意见。但在讨论完后，收集学生不同的看法，给学生发表见解的机会，也能激发学生更浓厚的求知欲。根据我的观察几乎所有学生都在小组内积极发言，且有的在认真计算。发表了五花八门的见解后，最后在给出准确的数学运算时全班同学都集中精力听讲。而当最后的答案呈现时：

（1）**解：**设第 k 个（$1 \leqslant k \leqslant 64$）格子里放的麦粒为 $2k-1$，

其和为：

$$S=20+21+22+\cdots+2k+\cdots+263=\frac{1(1-2^{64})}{1-2}=2^{64}-1（粒）$$

设每千粒麦粒重 10 g，取

$2^{64}-1 \approx 264$，$\lg 264 \approx 64 \times 0.301\ 0=19.264$

即 264 这个数实际上是一个有 20 位整数的数，然后将其换算成吨，结果是：

$$\frac{(2^{64}-1)\cdot 1}{1\ 000 \times 1\ 000 \times 1\ 000} \tag{4-3}$$

这个结果是一个有 12 位数的数，也就是说，将有数千亿吨重的小麦需要付给象棋大师。这无论对个人还是对国家，都是个天文数字，根本无力承担，国王在众谋士的提醒下惊呆了。

（2）分析：赤道不是一个标准的圆，赤道上面既有高高的山峰，又有低低的峡谷，不要说一个拳头，一栋楼建起来也没有规律，但作为教学案例，是有其研究价值的。

解：首先假设赤道周长 $c=$，当周长 c 增加 1 m 时，

可知

$$c_0=c+1=2\pi R_0 \tag{4-4}$$

$$R_0=\frac{c+1}{2\pi}=\frac{c}{2\pi}+\frac{1}{2\pi}=R+\frac{1}{2\pi} \tag{4-5}$$

这个数字大约是 $R+16$ cm，也就是在赤道半径的基础上再加上 16 cm，这个高度大家都能想象得到，足够一个拳头通过了。当这个结果出来时，学生们都惊呆了。大多数学生的想象是，相对于整个赤道的长度来说，1 m 是个很小的数字，几乎可以忽略不计，但最终的结果出乎意料。

比如学习《函数》时可设计情境：一张报纸，对折 50 次，会有多厚？用它作云梯能达到哪？珠穆朗玛峰还是月球？学生兴趣盎然地操作起来，发现最多折叠 7 次或者 8 次，整节课都兴致勃勃地探索折叠 50 次有多高。

再如课堂上，结合所教知识内容，恰当地引入一些数学文化背景和历史背景、数学知识与数学家的故事、数学名题、数学趣闻轶事、不失时机地对学生进行数学文化教育，让他们了解数学文化的博大精深，领略数学大花园的绮丽多彩，从而激发学生主动参与学习的热情。

数学出人意料的奥妙和不可思议的美，在教师预热的热烈猜测中，在最终

出人意料的结果的呈现中体现出数学独特的美,每当有一个人提出某种见解并交流时,也激发了群体中其他人的思考,并重新审视和表达自己的见解,在群体的鞭策下实现知识观念的全方位更新,而老师也在学生的恍然大悟中体验到引领学生成长的快乐和幸福。

（二）幸福源于和学生一起动手"做数学"

数学,往往给人以刻板、枯燥、缺乏情感、远离生活的印象,苏霍姆林斯基说过:"不要使掌握知识的过程让学生感到厌烦,不要把他们引进一种疲劳和对一切漠不关心的状态,而是使他们的整个身心都充满欢乐。"因此,课堂上适当地让学生自己动手去做,从中发现规律并能体验出乐趣,数学课堂的效果将会得到极大的改善,我曾就中职《概率》部分做了"做数学"的尝试,在这样的课堂上,学习氛围有了极大改善,我也从学生的积极参与和欢声笑语中体会到作为中职数学教师的幸福。

1. 对概率部分的总体把握（理论依托）

概率的学习应遵循实验概率的思路,即在各种实验活动中学习概率:接触不确定现象、体验随机性、认识概率的意义。学生的学习过程是:了解确定与不确定现象—知道可能性有大小—在实验中了解公平性含义、互斥和对立含义、相互独立含义—体会概率意义—构建初步的概率模型解决问题。

2. "做数学"具体案例

（1）初识概率

实验意图:

从学生生活经验出发,以教师与学生的互动实验导入对概率的初步认识,让学生通过大量重复试验中事物呈现的规律接触不确定现象、体验随机,并引起学生的浓厚学习兴趣。

设计实验:

上概率部分第一节伊始,教师扮成集市上的赌主在街头设摊"摸彩",拿一个布袋,内装 6 个红球和 6 个绿球,除颜色不同外,球的形状、大小、质量都相同。每次让扮成顾客的学生在袋中摸出 6 个球,输赢规则为:

6 个全红——赢 100 元　　　　5 红 1 绿——赢 50 元

4 红 2 绿——赢 20 元　　　　3 红 3 绿——输 300 元

2 红 4 绿——输 20 元　　　　1 红 5 绿——赢 50 元

6 个全绿——赢 100 元

许多学生都去碰碰"运气",每人各摸了 5 次,竟没有一个人赢,这是为什么呢?

过程及效果:

教师准备口袋和小球,在课堂上至少做 10 次实验,全体学生做记录,最后引入概率初步知识并引导学生思考实验结果的原因。学生表现出极大的兴趣,取得良好的课堂效果。

(2)学习概率

实验意图:

解读公平性含义(即等可能性事件),对立含义(即互斥事件和对立事件),独立含义(相互独立事件和独立重复试验)。每次以教师与学生的互动实验导入,引入概率的理论知识。在理解掌握知识的基础上引导学生观察生活中的概率,用知识解决生活中的问题。

设计实验:

公平性含义(即等可能性事件)

1991 年 1 月,美国《Parade》杂志 M. 塞望小姐主持的专栏中刊登了如下的题目:有三扇门。其中有一扇门的后面是一辆小汽车,另两扇门的后面则各有一只羊。你可以猜一次,猜中车开走车,猜中羊牵走羊。现在假设你猜了某扇门的后面是车(例如 1 号门),然后主持人把无车的一扇门打开(例如 3 号门),此时,请问你是否需换 2 号门?

过程及效果:

教师指明实验要求,同桌合作做 8 次实验,由我汇总实验结果,老师和学生分析理论依据。学生亲身经历将实际问题抽象成数学模型并进行解释应用。学生的兴趣高涨,亲身经历实际问题模型化,学生的认知能力得以提升。

对立含义(即互斥和对立事件)

有一个传说,一个人得罪了皇上,将被处死,众人替他求情,皇上就给他出了道难题:给他两个碗,一个碗里装 50 个小黑球,另一个碗里装 50 个小白球。规则是把他的眼睛蒙住,要他先选择一个碗,再从这个碗里拿出一个球。如果是黑球,就要处死;如果是白球,就获得自由。但在蒙住眼睛之前,允许他用他希望的方式把球在两个碗里进行混合。犯人紧皱眉头,天无绝人之路,只见他把所有的球都混合在一个碗里,再拿出一个白球放在另一个碗里,说:现在我获得自由的概率为 74/99。因为他仍有 25/99 的概率选到黑球,怎样才能把获释的机会再扩大一点呢? 思维如奔驰的野马,只见他把这个碗中的白球覆盖在黑球上,这样他获释的机会为 100%,皇上大叫一声:"君无戏言,立刻放人。"

过程及效果:

由学生自己设计实验、汇总结果、分析原因,创设了真实的问题情境,诱发了他们进行探索与问题解决活动的欲望。学生的情感体验得以强化,并巩固、运用了知识。

(3)其他

以上只是在引入每一部分内容时所设计的实验,其实在概率部分课堂教学中利用"做"的例子也很多,比如:生日、属相问题概率和法律等。

在 1968 年发生在加利福尼亚的一个案件中 —— 见证人报告说看到一个金发且扎成马尾辫发型的白人妇女和一个长有八字须和络腮胡子的黑人男子一起在洛杉矶郊区的一个小巷中跑出来,那里正是一位老年人刚刚遭受袭击和抢劫的地方。这对男女开着一辆部分为黄色的汽车跑了。因此,警察就逮捕了科林斯夫妇。因为他们有一辆部分为黄色的林肯牌汽车,妻子通常把她的金发挽成马尾型,而且丈夫是一个黑人,尽管逮捕他时,他的胡子刮得很干净,但仍能看出不久前他还是满脸络腮胡子的痕迹。在审判中,公诉人说他有科林斯夫妇有罪的"数学证明",他给出了由见证人指出的特征的下列"保守的概率":

具有八字须胡子的男子	1/4
扎马尾发型的女人	1/10
金发女人	1/3
长有络腮胡子的黑人男人	1/10
不同种族的夫妇同在一辆汽车中	1/1000
部分黄色的汽车	1/10

公诉人于是争辩说这些概率的乘积为 1/120 000 00,因此在这个地区具有

上述所有特征的另一对夫妇的可能性小于千万分之一。陪审团于是判定这对夫妇有罪。

也可以让大家做一个"设计游戏"的调查研究：以组为单位，一起构思出一个新的游戏，可以用自己比较喜欢、比较熟悉的游戏为模型。对构思的新游戏做一个概梗，设计出这个游戏的规则。例如，参赛者怎样比赛，怎样确定胜负，用概率知识帮助他们使这项比赛公平并且具有挑战性。列出制作这个游戏所需要的物品清单，以及每一项费用。最后写出一份介绍新游戏的报告，要说明游戏中有关概率知识的应用。

大千世界中充满着概率现象，如此充满魅力的知识，学生的学习过程应该是充满乐趣的，教师的授课过程应该是充满激情的，为达到这个目的，设计有趣、可行的实验，让学生在"做"的过程中体验不失为一种有效的学习、授课方式。中职数学的老师也能在课堂上紧紧吸引住学生，从中体验到职业幸福感。

五、在各界的关怀中拥抱幸福

（一）幸福源于各级部门组织的培训

作为教师，每年上级部门会组织各级各类培训，从这些培训中我们了解了先进的教学理论、领略了教育大家的风采，对我自己的日常工作、学习往往起到醍醐灌顶的效果。以 2019 年学校组织参加的宁夏银川全国第二届名师工作室创新发展成果博览会培训为例来谈一下心得。

热浪不挡初心，假期不忘提高。2019 年 7 月 23 日—2019 年 7 月 27 日，根据学校安排，我参加了此次培训且行程满满。7 月 24 日上午全体人员在宁夏国际会堂参加了开幕式，并聆听由中国现代国际问题研究专家李伟和姜跃春教授做的专题讲座——《总体国家安全观与国家安全》《中美贸易战及其发展趋势》，让我们对目前的国际形势有了更清晰的认识和了解；下午聆听了由上海市青浦区关景双团队做的示范展示——《主题式课例研修行动》，和部分区域代表做的创新发展经验交流；晚上观看了艺术工作室精彩的文艺展演。25日，举办方在 10 个不同地点根据学科和专业为老师们安排了内容丰富的示范引领，如为小学组、初中组、高中组等安排的是高质量的各科示范课，为学前教育组和人工智能、职业教育组安排的是专家讲座和经验交流等等。26 日上午在宁夏国际会堂做的全国名师工作室创新发展成果博览，下午同样是内容满满的闭幕式。

对我而言,此次银川之行有几点印象特别深刻。

1. 博览会组织严密,安排得当

全国有3000多人参加了此次活动,来自不同地区和民族,住在9个不同酒店,举办方组织非常有序,从酒店到会堂、学校无缝衔接,没有拥堵没有拖延没有等待,并精心制作了《参会手册》《优秀成果案例集》《全国优质课例展示》三本册子,对日程安排、注意事项、专家介绍、纪律要求等等做了详尽说明,使得参会人员提前了解大会安排,做到心中有数。因此大会取得圆满成功,感谢举办方背后的精心组织和辛苦付出。

2. 幼儿园原来也可以这么办——赵兰会儿童户外体育游戏

由于我校的骨干专业是学前教育,因此我对博览会中的学前教育格外关注,并于25日下午在银川市第一幼儿园聆听了各位专家、园长的讲座和交流。其中利津县第二实验幼儿园园长,利津游戏课程模式的创建人赵兰会给我留下深刻印象,听完讲座意犹未尽。

反观我们自己学校,男生少得可怜,仅有的几个男生毕业后也基本不会从事幼师教育。殊不知,男性由于不同的性别视角和思维,在幼师事业上也可以大有作为。另外,自然是吾师,办活的幼儿教育,是赵园长认真学习陶行知先生的生活教育思想、陈鹤琴先生的"活教育"思想,是学习日本巴学园、德国华德福教育和英国的森林幼儿园教育理念的具体行动。我们学校可以邀请他来给我们的学生和老师做一个讲座,促进师生对幼师职业的知识储备和身份认同。

3. "活教育"理论对幼儿园实践的指导意义

主办方邀请华东师范大学教授周念丽做的讲座我也记忆犹新。陈鹤琴老先生提出了"做人,做中国人,做现代中国人"的"活教育"思想,陈鹤琴老先生在"活教育"方法方面提出"做中教,做中学,做中求进步"的基本原则。陈鹤琴"活教育"思想体系,不仅在当时具有很强的积极的进步意义,即使在21世纪仍有相当强的现实意义,只有结合陈鹤琴"活教育"才能正确理解"没有教不好的学生,只有不会教的老师"这句话的本意。

风动荷生香,心静自然凉,银川学习不虚此行!

(二)幸福源于名师的引领

青岛市的名师工作室为一线教师提供了另一种学习提高的平台,在名师工作室的引领下,工作室成员增长了前进的动力,从更大程度上激发了自己的潜力。下面就是赵丽名师工作室的一位成员的感悟。

不知不觉中,参加赵丽老师名师工作室已经有两年了,在这两年当中,我受益匪浅,在名师的引领下,我们领略了名师讲课的风采、教育教学方法的新颖,这个平台为工作室每个人的成长提供了展示的平台,同时也使我们认识到自身的不足,充分体会到名师在身边引领成长的幸福。

1. 加入名师工作室,从思想上提高了自己的科研意识

"只要你创新,所有竖在你面前的墙都可以变成门通过去。如果不能创新,在你面前门就变成了一堵墙,也过不去"。

在这两年期间,我由以前懒于总结整理到现在勤于发现总结,不断地学习、反思,让自己在一定程度上得到了提高。

2. 参加名师工作室活动,从眼界上开阔了自己的教育视野

参加名师工作室的两年当中,我积极参加工作室组织的各项教研活动,在活动当中,近距离地观摩名师课和同行思维的碰撞,这些都使我开阔了教育视野。

比如,我们参与了 2021 年 8 月 19 日的线上阶段性总结活动,青岛市教研室王琳主任给我们做了《基于新课标的中职数学教学策略》的讲座,她通过对2020 年版的中职数学课程标准和 2009 年版的中职数学教学大纲进行比较分析,让我们对中职数学课程标准的研制背景和发展脉络有了清晰的认识。赵丽老师做了《智慧共生,卓越同行——工作室三年规划交流》的讲座,听后心潮澎湃。工作已经二十余年,感觉进入了瓶颈期,想改变却无从下手,工作室给了我阶梯,给了锤炼自我的平台。

再如,我们参加 2021 年 11 月 19 日的线上教学研讨,由赵丽老师提前录制一节常态课《基本计数原理》,各位成员提前观看,线上讨论,赵老师大气沉稳、语速适中、仪表端庄、举止从容;整节课密切联系学生的职业特点,提高了学生的职业意识;六个环节,环环相扣,让学前的学生对课堂结构有了初步了解;生生互评,学生共同提高,提高学生的幼师从教基本功;从分步计数原理和分类计数原理的呈现中,体现对比的数学思想;教学手段新颖、信息化手段运用;你编我做,让人耳目一新;白板定时和点名的运用,形式新颖;思政元素切入点自然,不突兀,给人印象深刻;所有练习均与生活紧密联系,充分体现数学知识来源于生活,又服务于生活。

各位成员各抒己见,讨论热烈,一致认为从中学到了很多东西并可以运用到自己的教学中去。

3. 参加名师工作室活动,从实际上促进自己的教育成果

名师工作室为我们搭建了提高自身素质的舞台,也逐渐成为我们自省、促进的家园。在这个家园里,我们互相鼓励,明确目标,相互促进;在这个家园里,我们体会到家人的温暖;在这个家园里,我们领略了名师的风采。"扬帆起航,路就在前方"!在今后的教育教学工作中,我将更加严格要求自己,努力工作,发扬优点,弥补不足,开拓进取,以优秀教师为榜样尽职尽责地做好工作,珍惜"名师在身旁的幸福",让自己的专业素养更上一层楼。

总之,作为教师,我始终坚信:心灵的冲击和震撼才是教育最伟大的力量。作家林清玄有这样一句话:"回到最单纯的初心,在最空的地方安坐,让世界的吵闹去喧嚣它们自己吧。"是的,让我们回到最单纯的初心,做最纯粹的老师。只有不忘教育初心,方能用爱和奉献点燃学生心中希望的灯,才能找到属于自己的职业幸福,我将一如既往地努力探索,去寻找属于教师的幸福。

第五章

名优教师的幸福

　　名优教师是学校和社会宝贵的资源和财富，名优教师往往具有先进的教育理念、深刻的教育思想、独特的教育方式、别具一格的教育方法。聆听名优教师的经验分享，学习他们的成长经验，发挥名优教师的引领作用，可以促进普通教师的专业发展和教学质量的提高，实现教育教学资源的共享。

　　名优教师能起到示范带头作用，他们直观、新颖的教学方法，可以传递新的教学思想、展示新的教学手段，是提高教学质量、互相交流、取长补短的一种重要手段和途径，下面就是一位名优教师的经验分享。

■ 第一节　教育思想凝练的成就感

一、教育思想凝练的源起——教学反思

　　相信很多老师都跟我一样，最初在参加工作的时候是满怀激情和热忱的，然而我们中职学校中真正的教学过程却并不如所期望的那般美好，有时还会出现极其伤心和失望的情境。

　　可能是因为我所在学校设置的专业偏文科的原因，在最初从事数学教学的几年里，有一个问题一直深深困扰着我，那就是：大部分学生对数学很恐惧甚至厌恶。很多学生告诉我："老师，我们不是不喜欢学数学，而是数学对我们来说太难了，我怎么学也学不会。"

　　但是没有人能够解决这个问题，甚至在很多时候，我经常会听到这样的话：我们的教育怎么了？我们的学生怎么了？教育什么时候成了一件不堪重负的事情？是我们教得不够好吗？是学生的问题？是学校的问题？制度的问

题？还是别的…？内心迫切希望有一种方法能够解决这种问题。

于是，在很长的一段时间里，我都在寻找原因：为什么学生会觉得数学难？在当时的我看来，中职学校的数学明明就是基本的定义、公式和简单应用，比普通高中的数学不知道要简单多少个层次！

后来，经过多方面的调研，我才发现，这部分学生原本的数学基础比较薄弱，小学和初中最基本的公式和定义记忆得也不是很清楚，而且稍复杂一点儿的计算都会出错；另外，他们的理解力和领悟力发展得比较慢，虽然职业学校的数学难度要比普高低很多，但仍渗透了大部分高中数学思想，对于逻辑思维、抽象思维的要求要远远超过学生现有的思维水平。

当我认识到这些问题后，我开始理解学生的畏难思想，并开始有意识地去反思：如何才能改变这种学习现状？什么样的方法才能更好地开展数学课堂教学？并进一步促进学生的学习，让他们不害怕甚至逐步爱上数学学习呢？

所以，后来我常常想：也许正是因为我最初的这种教学反思，促使我在教学过程中，把大多数的精力放在了一步步探究的过程中，非但从未体会到教育教学的倦怠，反而是充满热情地投入工作中，年复一年，始终保持热爱。

二、教育思想凝练的初步形成——研究生论文

带着上面所提到的问题，我在很长一段时间里并没有找到好的方法。因缘际会之下，2008年，我考取了山东师范大学的在职研究生，专攻数学教育学。在进校的第一天，导师就告诉我们从现在就要开始准备毕业论文的题目和材料。所以，我在学习各种教育理论和数学教育相关知识的同时，也在不间断地阅读各种教育学相关的资料和书籍，以期能找到自己一直想解决而未解决的问题，同时也正好作为自己的论文题目。

或许是心诚则灵，在不断寻找的过程中，我有幸遇见了"生命化教学理念"，它正是一种我所渴望的基于对生命思考的教学理念，它不仅关注知识，更关注生命的存在状态；不仅关注学生的生命成长，同时也关注教师的生命发展；它希望通过教育启迪生命，使学生和教师的生命同时受益，达到生命的完善和超越。

这种理念就像丰沛的雨水一样灌溉了我原先枯萎的心田，为我打开了一扇理想之门，让我不断探索其中，并逐渐形成初步的教育思想。

我针对中职数学教育中存在的一些不足，以生命化教学为理念，2009年在《山东师范大学学报》上发表论文《生命化教学理念对中职数学教育的启示》，并以此为基础，形成了自己的毕业论文。我从以下四个方面总结了如何实施数学课堂教学。

第一，以生命为本位，不为单纯教知识而教。

数学知识本身具有严密性、逻辑性和系统性的特色。对于中职学生的能力和水平而言，如果单纯地为了教知识，只能是对数学产生越来越多的恐惧和厌倦。这样，不但达不到学习知识的效果，而且智力、情感、态度、思想的价值都在知识的压抑之下而无法实现。

第二，在中职数学教学中加入数学史、数学家的故事等内容，渗透数学文化的教育，展示数学的人文价值，引导学生形成正确的数学态度，激发学生学习数学的兴趣，使学生对数学学习有正确的认识。

第三，师生、生生间多向和谐交往，关注情感体验，师生生命共同经历成长，获得积极的情感体验，从而促进数学的学习。

第四，提倡中职数学教育以生活为基础，尽量联系各专业实际，促进学生长期有效发展。

"生命化教学理念"让我的教育思想有了雏形。在不断学习的过程中，我同时还发现了很多其他的优秀教育思想和理念，如"建构主义思想"等。我把这些思想不断与之前的想法融会贯通，并逐步认识到：如果能从学生的现有认知水平和情感态度出发，关注学生的学习兴趣与需要，培养学生主动参与的意识，倡导学生乐于探究、勤于动手，培养学生搜集和处理信息的能力、获取知识的能力、分析和解决问题的能力，鼓励他们学会交流与合作，那么一定会使学生的生命等各个方面在数学学习的过程中得到升华。

在不断吸取新知识、新能量的情况下，我自己也在不断地提升，想要走得更远，把目标实现得更好。

三、教育思想凝练的逐步完善——实验阶段

从山师毕业回到本校后，恰逢青岛市教育局举办第一批教育教学改革实验，借此机会，我又以极大的热情投入教学实验中。

我结合"生命化教学理念"、"建构主义思想"的同时，再结合我校富有名

气的"分层次教学",把这三者融会贯通,在更高的理论知识基础上,我带着两个同事,以《生命化教学理念下的中职数学课堂教学研究》为题,分别筛选了A层、B层和C层各2个同类型(1个作为对比班,1个作为实验班)共6个班级,展开了为期1年的教学改革实验。

我们对实验提出四大基本原则、五项基本要求和六个具体目标。

1. 四大基本原则

(1)基于生命——尊重、理解、关怀生命;

(2)注重生命的体验,提倡教学的交往互动;

(3)重视教学的生成发展;

(4)关注师生生命的共同成长。

2. 五项基本要求

(1)同时参加数学课堂学习的学生人数不能超过30人;

(2)打破传统的排座方式,采用更具有凝聚力及亲和力的方式排座位;

(3)教室布置应干净、整洁、明亮,有足够利于学生进行交往互动的空间;

(4)教师不能使用任何故意伤害学生心灵的动作、言语及表情;

(5)教学内容设计起点要低且要有层次,并且要采取"小步子"进行教学。

3. 六个具体目标

(1)最低目标:使每名中职生在情感上都能接纳并认可数学学习;

(2)基础目标:使每名中职生在数学课堂中都能学到"相应"的数学知识;

(3)交往合作目标: 实现数学课堂师生零距离,使中职生在课堂学习中学会合作与交流;

(4)情感目标:通过数学学习增加中职生的情感体验,培养中职生良好的个性品质;

(5)能力目标:培养中职生敢于面对问题、冷静分析问题、灵活解决问题的能力;

(6)最高目标:使教师和学生的生命在数学课堂教学中都能得到充实、完善和满足。

4. 在实施过程中我们对三个层次分别提出了不同的要求

（1）C层次：零起点、轻理论、重体验、养习惯

在C层次教学中应尽量减少对知识严谨性、系统性的要求，让学生多动手、多动口，以更浅显的方法和内容增加学生对数学的认识；可以增加"数学文化"的相关内容，比如穿插数学史、数学游戏、数学故事等，增加学生对数学的亲身体验；同时尝试改变考核方式以减少传统"题战"内容，增加说、做、搜、写等更加灵活的内容，以此激发学生对数学的兴趣。

对于C层次的教学实际上也是要杜绝课堂上出现趴着、玩手机、看闲书等现象，哪怕是教他们2乘以3等于6，也要让他们学到知识，而不是浪费45分钟的时间。

（2）B层次：低起点、小步子、勤反馈、重实用

B层的学生虽然成绩要好一些，但是职业学校的成绩是摆在这里的，基础也不会很好，所以这里提出"低起点"的要求，也就是比如：教授新知识要用到旧知识，那么一定要提前把旧知识铺垫好；"小步子"的要求就是，假如旧知识和新知识之间的跨度是10米，学生一下子够不到，那么在教学时要注意把这10米划分成10个台阶，每个台阶1米，让学生一个台阶一个台阶地上，总能够得着10米的这个新知识；然后就是每堂课都要多练多做，巩固知识，加强印象，这就是"勤反馈"。

最后又加了一条"重实用"，2009年的教育大纲要求"数学为专业服务"，而学生也很关心"学数学对我们到底有什么用处"。我们也常说"生活中处处有数学"，那么在教学时应让学生感受到这些，对B层学生的教学要与所学专业与学生的实际生活中与数学有关的内容有机结合，真正做到"学有所用""数学为专业服务"。

（3）A层次：探究为主、讲求方法、注重灵活

A层学生的数学基础还是可以的，应当充分利用他们自身的这种优势，发挥他们的主观能动性。对A层学生的教学仍然以高考和培养尖端人才为主。应创造良好的交往互动和体验空间，有利于学生充分展开探讨和思索。

通过"实验班"和"对比班"的最终对比，我们发现，"实验班"学生的学习成绩得到很大的提高、学习习惯得到很好的培养、学习热情得到了很好的提

升,我们的实验获得了成功。而且我们的这种成功也获得了上级领导的高度认可,于2011年获青岛市中等职业学校教改实验重点项目优秀成果一等奖,并进行了全市的分享交流。

四、教育思想凝练的最终形成——"不忘初心、丹心育人"

新课程改革中提出课堂教学注重三维的教学目标,即知识与技能、过程与方法、情感态度与价值观。情感是课堂的衍生,用情感统领课堂知识的学习和技能的掌握,把情感贯穿于学习的过程和方法,助力学生优化情感品质和正确的价值人生观,是课堂教学的首要任务,也是课堂的本质规定。德国教育学家第斯多惠认为,"教学的艺术不在于传授本领,而在善于激励、唤醒和鼓舞"。另一位德国教育学家赫尔巴特认为,"教学最高最后的目的包含在这一概念之中——德行"。

国家《中学德育大纲》也明确规定,教师"要教书育人,为人师表,认真落实本学科的德育任务,结合学科特点,寓德育于教学内容和教学过程之中"。由此可见,作为一名学科教师,除传授学科文化知识外,更要树立德育意识,注意挖掘本学科教学内容中的德育因素,并根据所教学科特点,选择和创造适当的教学艺术和技巧,对学生进行思想道德教育,既要当好教书匠,又要当好教育家,恰如蔡元培老先生所言:"美育者,与智育相辅相成,以图德育之完成者也。"当知识教育与德育培养完美结合,在优质教育培养体系下成长的孩子,必将以德智体美劳全面发展的姿态服务社会,而作为教育者的学科老师,更将感受到教书育人、助生成才的职业幸福感。

从事数学教学30年,我深深感受到数学是一门人文信息载量丰富的学科。因此,挖掘教材本身的德育资源,利用教材内容对学生进行德育教育成为除课堂教学知识传授外最为重要的教育目标。在日常数学教学工作中,从学科教学角度,我重视学生听说读写技能的训练,培养学生的综合语言运用能力;在德育渗透方面,我注重利用社会、家庭、学校的正面影响对学生进行德育培养,在学科教学中渗透品德教育,培养学生的家国情怀,激励学生弘扬优秀文化传统,助力学生逐步形成正确的人生观、世界观和价值观,在数学教学中渗透德育教育。在教书育人、塑造学生品质、感受职业幸福的进程中,我有以下心得。

（一）注重自身修养提高，言传身教，以自身的人格魅力影响学生

第斯多惠认为，"谁要是自己还没有发展、教育和培养好，他就不能发展、教育和培养别人"。这和我们师范教育的"学高为师，身正为范"不谋而合。面对一群模仿力极强的青春期学生，老师在课堂上的点滴表现都会对学生产生影响。因为我们面临的群体有其特殊性，那就是我们是在培养未来的教育者。我们学生的人格魅力和品德水平如何，直接关乎他们未来的受教群体的人格魅力和品德水平，因此，我们在学生面前如何展现人格魅力，展现怎样的人格魅力，对学生的影响深远。从教 30 年来，我一直要求自己以扎实的专业知识、广博的教育教学理论、高尚的道德情怀，来赢得学生的信任与爱戴。我一直坚信，想让学生具有家国情怀，自己得先有家国情怀；想让学生传承中华优秀传统文化，自己就要崇尚中华优秀传统文化。很幸运，自己所坚守的教育理念，已经在所教的学生群体中开花结果。2011 级 2 班的学生李 × 在给我的微信中，称呼我为仙女老师，告诉我说，是我的言传身教，让她把当老师的一种懵懂成为一种梦想，因为她想用自身的优秀唤醒更多孩子的优秀。如今，这个学生已经以一名教师的身份站到了三尺讲台上，她一定会践行自己的教育誓言，实现自己的教育梦想。

（二）有一颗参与学生培养、助力班级管理的诚心

在教育过程中，个人感觉，班主任对班级学生的影响比任课老师更深远。从教 30 年，我有一半的时间担任班主任工作。近年来，虽不再担任班主任工作，但或许是长时间的班主任工作形成的习惯，抑或是自己对教师工作深深的热爱，即使已经离开班主任这个岗位，我仍然关注所教班级学生的思想动态，在发现问题端倪时，我会及时跟班主任沟通，也会跟学生谈心，帮助班主任老师解决学生的思想困惑。2017 年，我承担了 2017 小教学生的数学教学。3+4 的孩子们整体很优秀，但是不可否认的是，部分孩子入校后出现了学习动力不足、学习主动性下降的情况，作为他们的数学老师，看在眼里急在心里，除了在自己所教学科上对他们提出高标准严要求外，还利用一切可能的机会，用自己的一些人生体验，去引导学生做长远的职业规划，同时鼓励学生给自己设定更高的追求目标。在与 2017 级小教班孩子相处的三年中，我既是他们的严师，又是他们的益友。2020 年，他们以优异的成绩结业，进入更高学府就读。时光飞逝，转眼间孩子们已在大学中度过两年光阴。期间，他们经历了初入大学的浮躁、对学业的焦虑、对未来的迷茫。很多学生跟我保持联系，诉说他们的浮躁、焦虑与迷茫。作为聆听者，我努力以自己的教育素养去开解引导他们，助力他们拨云见雾，始见人生美好远景。在相伴孩子们成长的过程中，作为人师，我也在实实在在享受职业的幸福感。

（三）抓住教材内容，挖掘德育素材，寓德于教

数学作为一门人文信息载量丰富的学科，它所蕴含的德育素材让我如获珍宝。在课堂上，我曾经就几个极其简单的礼貌用语给学生提了几个问题：在你谢过别人的事情中，哪件事最让你难忘？在你的成长过程中，你最想感谢的人是谁？当你由衷地说一声"谢谢"时，你的感受是什么？孩子们有沉思，有动情的讲述，也有一幕幕温暖场景的分享，最后我跟孩子们一起得出结论：只有时刻对生活怀有感恩之心，才能真正体验心灵上的满足与快乐；一个心怀感恩的人，会比更多人能感受到生活的温暖。如此下来，感恩教育借由一句最常用的交际数学展开，以一种润物无声的方式走进了孩子们的心灵。《Good manners》这篇课文是介绍西方餐桌礼仪的说明文。在教学中，我结合课文引导学生联想中国文化中的一些礼仪规范，激发学生比较中西方文化异同的兴趣，培养学生跨文化交际的意识。最后和孩子们一起得出的结论是："When in Rome，do as Romans do."（入乡随俗）《Wheres my schoolbag?》这篇课文主要学习如何谈论房间里物品的位置，我把这篇学习材料的德育教育定位在用物品的摆放习惯来审视平常丢三落四的不良习惯，从个人物品的井然管理谈及时间和生活的科学规划管理，教育学生应该培养良好的生活习惯。课堂教学后，我跟孩子们一起得出的结论是："一屋不扫，何以扫天下""小细节决定大品质"。经常有学生跟我感叹，一个他们认为不起眼的寻常句子，在我嘴里都能成为一个教育素材，让他们感受到知识与品德教育的融合之妙。更有学生表示，以后就要做一个既深挖教材知识又洞察德育之美的合格老师。能影响学生如此，怎能不感叹教育的意义和幸福！

总而言之，数学教学的目的，不仅是培养学生综合运用数学进行交际的能

力,更是在教学中使学生受到思想品德、爱国主义、社会公德等方面的教育。只有这样,才能培养出担当国家和社会重任的德才兼备的青年一代。作为老师,只有在德育意识支配下,才能自觉积极而巧妙地把有关德育内容融会贯穿于整个教学过程中,从而对学生的品德形成产生潜移默化的影响。于我而言,教书育人,一直在路上,而且,"路漫漫其修远兮,吾将上下而求索"。

教育之路充满魅力,期待自己能够在有限的教学生涯中尽享无限的教育快乐!

教师是一个充满挑战的行业,随着时代的不断进步与发展,教学方法、思想和理念也必须紧跟时代的步伐,才能适应当今社会对教师的要求,因此我们必须不断追寻探索、不断更新理念。

因此,教学改革实验后的日子里,我并未停下脚步。在教育教学工作过程中,为了更好地提升自己的业务能力,我积极参与各类比赛和教育教学研究工作。2017年获得三级心理咨询师资格证;当年参与研发《生活数学》课程,被评为青岛市精品课程;同时当年参加"青岛市中小学信息技术创新与实践活动"比赛分获青岛市一等奖、全国二等奖,并获青岛赛区课程资源类4星级裁判员任职资格和"优秀评委"荣誉称号;2017年参加"创新杯"说课比赛分获山东省一等奖,全国二等奖;2018年参加青岛市"一师一优课、一课一名师"比赛获一等奖;2019年参加青岛市优质课比赛获一等奖;2020年参与"教师教学能力大赛"分获青岛市一等奖、山东省二等奖、全国三等奖。

但是不管怎么追逐,作为一名数学教师,我一直秉承着对教育事业的热爱,踏踏实实耕耘三尺讲台,勤勤恳恳传道授业解惑。上好每一节课,教好每一个学生,始终是我不懈的追求。课前潜心研究,课堂精心教授,课后用心指导,不管从教多少年,我都想用这种认真、积极的工作态度不断提高自己的工作水平;我始终坚持着作为一名教育工作者的初心,从爱出发,永远用欣赏的眼光看学生,永远用宽容的心态面对学生,积极捕捉学生身上的每一个闪光点,在教学的过程中及时进行鼓励和表扬,让这些闪光点成为学生理想的翅膀和教育的生长点,促进学生更好地成长。

著名教育家雅斯贝尔斯曾说过:"教育的本质就是一棵树摇动另一棵树,一朵云推动另一朵云,一个灵魂唤醒另一个灵魂。"正是因为理解教育的本质,所以最终我把我的教育思想凝练成了八个字:"不忘初心、丹心育人。"

在教育思想凝练形成的那一刻,我内心非常地平静并带着淡淡欢喜。在之后的日子里,我始终坚持并心存感激地去践行这八个字。因为这是我的信仰!正因为有坚定的信仰,所以欢喜而幸福!

第二节　大型比赛获奖的成就感

随着时代的发展,信息技术的不断推广和应用也给教育教学带来了变革和影响。最初的课堂教学,都是老师拿着粉笔在黑板上写写画画,最多有一些直尺、三角板或者圆规等简单工具辅助一下教学;后来每个教室几乎都安装了电脑和对应的大屏幕,但是老师也只是做几个简单的PPT给学生呈现一下文字、图片或者音乐等;再后来就有人开始应用很多的软件,比如数学常用的几何画板、玲珑画板等以动态的形式呈现在学生面前,更好地辅助教学。为了更好地促进教学,全国各地每年都会举行各级各类大赛,因为信息化教学的兴盛,当时的教学大赛也对信息化的融入多有侧重。恰逢学校比较关注教师的成长,积极鼓励教师参赛。因此,从2015年开始我抓住成长机遇,从2015到2020这五年的时间里参加了大大小小很多次各级各类比赛,并为自己积累了宝贵的经验和精神财富。

一、参加"NOC"比赛带来的小幸福

"NOC"大赛是当时应运而生的众多类型大赛当中的一种,并一直到延续到现在。它的全称是"全国中小学信息技术创新与实践大赛",这是一项运用信息技术,培养广大师生的创新精神和实践能力,引领科技创新的素质教育实践平台。

1. 参加NOC市赛的情况和收获

2016年,青岛首次举办NOC的市赛,当时把信息技术应用在课堂教学正是在教育教学中大家非常关注的一点,我所在学校也是非常重视,因此组织我们积极参与。我借此机会形成了《圆的标准方程》这一课的课堂教学雏形。因为当时对信息化技术应用到教学当中还只是初步探索,并没有很深刻的了

解。我设计信息化技术的初步想法是让这节课变得生动有趣一些，所以在课堂开始自己制作了一段欣赏生活中的圆的视频。这段视频中的图片都是我精心选择的，比如青花瓷的圆盘、中国古代四大发明之一的指南针、太极图案以及著名建筑天坛等，再配以古典音乐和精美解说，富有浓厚的人文气息和中国传统文化气息，让学生在课堂伊始就能感受到圆的美，从而对本堂课产生兴趣和期待；在本堂课的课后我也加入了一段从网上搜来的视频，它的背景音乐是当时火爆全网的流行音乐《小苹果》，内容是学校平面解析几何的基本思想，其中也提到与圆相关的知识，主要是为本节知识方法做一个总结。但里面因为配的是各种动物的快速动作画面，比如，火烈鸟的脖子不断弯曲又伸直等，因此特别幽默，惹得学生们哈哈大笑，寓教于乐。当时上完课，听课的老师和同学都觉得这节课特别欢乐，而这也是平时经常被定义为沉闷、乏味的数学课所缺乏的！可能是因为我所设计的课堂的这一点定位和不同让我很幸运地获得了"首届青岛市中小学信息技术创新与实践活动未来课堂优质课展评"比赛项目的一等奖，并获取了晋级全国比赛的资格。

其实在这次比赛之前，我很少参加比赛，尤其是这种需要在学校以外的场地进行现场展示的比赛。因此，当时我的心情还是忐忑不安的。不知道自己的水平怎么样，也不知道自己的所思所想是否符合比赛的要求。所以，当成绩出来的时候，我很有成就感。因为这至少表明，我所研究的方向是正确的，整个课堂的架构和设计也是值得肯定的。

另外，在参赛的过程中我学到了很多新技能。比如，上面提到的视频制作以及剪辑，之前是完全不会的，因为比赛的需要我不断地寻找适合的各种软件并加以学习。在此过程中掌握了绘声绘影、格式工厂等软件的基本使用方法。与此同时还享受到了因为掌握新技能而带来的精神层面的愉悦，更为重要的是，这次比赛的成绩也为我参加国赛带来了极大的精神动力。

2. 参加 NOC 国赛的情况与收获

当时去参加 NOC 国赛的我可以说只是一个初出茅庐的新人，只是凭着一股新奇劲儿和初生牛犊不怕虎的勇猛劲儿去的，并不知道前路的艰辛。去了之后才知道，原来的自己最初的思想和课程的设计实在太过浅薄。

当年的国赛是在江苏无锡的一所学校进行的。时隔这么多年我仍然记得很清楚当时进到这所学校听介绍时我心中的震撼。那是我第一次见识到什么叫真正的多媒体教室，也是第一次见识到走在前沿的信息化课堂。整间教室自成一个系统，中间是可移动桌椅，可随时根据课堂的分组组合成所需要的形状和布局；教室的四面墙壁分别都安装了大屏幕，黑板所在墙上装有一个大屏幕，其余四面墙壁各自悬挂两个小的屏幕。教师在播放 PPT 时，黑板所在屏幕显示当前页，而其他屏幕可显示过去的其他页，PPT 在整间教室里循环播放显示，供学生随时回忆取用学过的内容。仅仅是一个环境的布局已让当时的我深深地感受到了差距，而当我去听课时这种差距就更为突出。当时的我在设计课堂时，仅仅是使用了几个为数不多的动画视频作为一个信息化技术的支撑，同时应用几何画板辅助了一下教学，简单而言就是为了信息化而信息化。而他们本校的老师却早已做到了课前、课中、课后全部采用信息化的模式展开，甚至一堂课下来，都有数据分析来诊断学生本堂课的参与度与掌握度等等。所以，在很长的一段时间里我都纠结于一个问题，那就是我们没有这样先进的教室和设备，如果我们也能有就好了！

都说"站得越高，看得越远""高度决定眼界，眼界决定格局"。南方发达城市的教学一直走在全国的前沿，对我而言大开眼界带来震撼的事物对他们而言已经是司空见惯！但是当时的我却不大理解，因为最后获得一等奖的数学学科的代表对比其他课而言在我看来并无特别震撼之处，那位获奖的老师没有使用多先进的设备，而只是采用了很朴实的几何画板呈现探究的过程来辅助教学，就是这一点获得了专家的认可！专家说，对于数学而言，重在探究理解的过程，使用几何画板帮助学生建立起单纯靠想象比较困难的思维过程这一点值得肯定和推广，做得非常好！这一疑问在后来继续参加多次比赛之后我才明白，其实大赛的目的和当时专家们的想法都是一致的，那就是：信息化只是教学的一种辅助手段，信息化固然重要，但最重要的始终都是能真正有效地辅助教学，信息化技术手段并不是越多越好，而是重在有效辅助教学上！

这一次去参加比赛，我侥幸拿到了"第十四届全国中小学信息技术创新与实践活动"决赛"未来课堂"名师教学优质课展评赛项高中组二等奖，没有空手而归已是非常开心，而大开眼界，长了见识的同时又有所领悟，这是我所能体会到的最深的一种幸福。

2017 年,借着 2016 年参加比赛的春风,我不间断进行学习,并参加了青岛市第二届 NOC 比赛评委的选拔,获得课程资源类"四星评委"资格的认定并获得了当年的"优秀评委"荣誉称号。我仍记得在评委选拔时,当时的老师问了我一个问题:"当你在评课时遇到你所不知道的信息技术的应用怎么办?"现代社会是一个知识爆炸的社会,就算我们懂得再多也不可能掌握所有的知识,所以我们能做的只是尽可能多地去涉猎,但涉猎和研究的初衷却应该谨记在心,那就是:一切为了更好地促进课堂教学而服务,而不要迷失在信息技术里面,为了信息技术而信息技术。

二、参加全国"创新杯"教师信息化说课大赛带来的小收获

全国中等职业学校"创新杯"教师信息化说课大赛,是由中国职业技术教育学会教学工作委员会和高等教育出版社联合主办的大赛,每年一届,选拔也比较严格。2017 年我通过申报,先是参加了市里的选拔,然后才去参加了省赛,获得了山东省中等职业学校"创新杯"教师信息化教学说课比赛一等奖后又去参加了国赛。

(一)参加"创新杯"说课市赛和省赛的情况

之前参加过 NOC 比赛,我对课的设计积累了一定的经验,因此也有了参加说课比赛的底气。但是说课不同于讲课,10 分钟的时间必须把握好每一分每一秒,而且还要做到松弛有度。从教材分析、学情分析、教学方法、教学环境设计及资源准备、教学重点、难点和关键点,到教学过程和时间分配,再到教学评价和教学反思等,每一个环节都要设计好,还要以最好的状态表达出来。所以,面对新的挑战,还是比较紧张的。

而当时我面临最大的问题是分不清层次和详略,只觉得所有的都应该说,所以在说的时候把所有的条目都罗列上,没有分清重点;而说完了之后,大家也没听明白我到底说了些什么;另外在难点问题上该如何解决也不知道。所以,当时参加市赛和省赛最直接的收获是让我对说课的流程和方法有了清晰的认识和了解!

首先,说课的每一个环节都应该分析透彻,而不是想当然!比如:在教材

分析这一环节,应参照参考书和教辅资料等切实了解本节课所在位置,认真分析它的地位、作用和意义;在"学情分析"这一环节应结合学生的学习水平、性格特点、所学专业等多方面设身处地了解学生的学习情况,从而有针对性地辅助制定教学目标和教学策略;在"教学评价与反思"这一环节,很多老师容易忽视,其实这一环节是教师自己诊断上课效果的很重要的一步,它直接决定后续课程的调整和改进的方向,因此要根据学生本节课的检测和反馈情况,进行真实的数据分析,做出评价并进行深层次反思。

另外,说课的时候要做到层次分明。如果说其他环节的说课要注意说清说精而不多说,那么"教学过程"这一环节就应该是说明白说透彻,要把主要时间留给"说教学过程"这一环节。在本环节的说课过程中要注意把握课程的主要内容。比如:在一堂数学新授课中,定义往往是本节课的重点,所以要重点说采用了什么样的方法让学生有效认识和了解这个定义,采用这种方法的意义何在,与传统教学手段来说又有什么样的好处。再比如:在一堂课当中,难点内容往往是学生很难理解和掌握的,那么采用了何种手段有效解决这个问题,对比其他手段有怎样的不同,成效有对大,等等都要一一说明说透。

从市选拔到省赛比赛,感慨最深的是来自前辈和周围同事们的温暖。在省赛备战时,学校专门组织了人员对我的说课进行指导、点评和再修改;教研员老师也带领团队亲自给我指导督促。正因为有这么多前辈以及同事的指导,我才从真正意义上领悟了说课与讲课的不同,对说课的流程和方法有了上面所提到的认识和领悟。那次比赛,我获得了山东省省赛说课得一等奖,很开心。

（二）参加全国"创新杯"说课比赛的领悟

都说"不想当将军的士兵不是好士兵",所以当时作为一个充满热血而奋进的我,虽然当年的全国"创新杯"说课比赛是在遥远的厦门的一所学校举行的,我还是从课的设计到说课时语言的表达及状态都做了很好的规整,甚至包括两台笔记本电脑和衣着打扮都考虑在内,因为是极希望自己能拿一个全国一等奖回来的。然而最终却只是拿回了全国中等职业学校数学课程"创新杯"教师信息化说课大赛的二等奖,这让我至今都难以忘怀。

大概是因为自己辛苦努力做出来的成果总是不舍得扔弃,我那次比赛说课的题目仍然是《圆的标准方程》。虽然最初前辈们在指点我的时候也都说过这个题目不是很好设计,但我坚持不肯另换主题,期待自己通过用心准备能够出现奇迹,但最终还是突破得不够好。而一个不好设计的课题加上常规的设计,要想拿到优秀的成绩,确实只能是空想。所以后来,我从这次比赛中汲取了一个很好的教训,那就是:无论何时何地,应寻找最优办法;而对于"食之无味、弃之可惜"的事情,则应当断则断。

在那次比赛中,我的答辩环节也出现了一点儿问题。当时评委问我:"你这堂课的教学目标是如何制定的?"虽然记不清我当时具体是怎么回答的,但是知道自己当时准备得不够充分和细致,回答得也不够充分。回来后我就仔细查阅相关资料,并在今后的课堂教学设计中时刻督促自己按照以下要求来制定每堂课的教学目标:制定教学目标应研究课程标准,分析教学内容、根据学情并分析社会形势需要。课程标准中的课程目标是制定教学目标的直接依据;现行的教材中每个单元都有相应的教学建议,因此在编写教学目标时应紧扣这些文字,作为重点或中心目标来对待;要根据学生现有的学习水平、学习习惯和特点等来制定教学目标,要符合学生实际,不切实际的教学目标只能作为一个摆设,好看而无法实现;另外社会是不断发展的,因此应当紧跟时代的步伐根据当今社会的发展和需要,充实内容。

那次比赛,虽然我没有拿到自己理想的成绩,却也得到了很多成绩之外的收获。所以,我常常在想;其实促进个人成长的,往往不是成功,而是失败。成功易自满,而失败却会促使人们不断反思、改进、再改进,在不断反思和探求的过程中,才会有更多的收获,从而更快、更好地成长。

三、参加"全国职业院校技能大赛教学能力比赛"带来的满满沉淀感

如果参加上面两个比赛对我而言是一个慢慢积累的过程,那么参加"全国职业院校技能大赛教学能力"比赛就是一个勇于攀登的过程。

"全国职业院校技能大赛"是由教育部发起并牵头举行的国家级一类竞赛,是所有我们可参加的国家级比赛中含金量最高也是最难的比赛。

（一）第一次参加"市技能大赛教师教学能力比赛"

我相信对于大部分像我一样普通而平凡的教师而言，"全国职业院校技能大赛"都是一种"望而生畏"的存在，所以我从未想过要去参加这样一种比赛。

2019年，青岛市教育局下发了一个关于"青岛市教师教学能力比赛"的文件，鼓励各级各类学校教师积极参与比赛。因为每学期学校会有评分，如果比赛获奖会有相应的加分，所以，当时我们同组的四个人（尉玉杰老师、王秀珍老师、李欣老师和我）一商量，觉得可以参与，于是我们本着学期末给自己能加个评分的目的，组成了一个由尉玉杰老师牵头的4人团队，参加了当年的市教学能力大赛。

我们每个人都进行了不同的分工，我主要负责写各课的说课设计稿并作为15分钟模拟上课的主讲不断进行演练。因为当时并没有想非要获得多好的名次，所以在当时分工合作的过程中，除了劳累一点儿并没有感觉到太多的压力，反而因为思维不断碰撞出的灵光和火花，让我们都感觉无比的欢欣和鼓舞。就在这种和谐而努力的氛围中，我们的比赛出乎预料地收获了当年的青岛市教师教学能力比赛中文化基础课类的一等奖，并有机会直接晋级省级比赛。

参加山东省教师教学能力比赛这件事情，让我们四个人在精神上有了无比大的压力。因为参加市赛，从组织到比赛，时间非常紧张，大家都是一样的，所以作品不可能精益求精，只要大的方向和思路把握到了就好。但是省赛不一样，时间足够长，大家的准备就会严格到极点，也会把作品不断打磨，追逐最好。我们要想拿到好成绩，必须不遗余力地抓住每一个细节进行严格把关，同时还要与时间赛跑，完善各个细节，并进行精雕细琢。2019年的教师教学能力比赛，是第一年进行改革，原本一个课时的内容扩展到连续不低于12课时的容量，也就是说如果原先的比赛是1节的内容，那么2019年开始就是一整章的比赛，其容量和压力可想而知。而我们当时以《函数》为题，定了14个课时的内容，所以除了要准备常规的教学实施方案等等之外，我们还要准备14课时的教案、说课稿、ppt以及录像视频，于是2019年的整个暑假，我们四个人一天都没休息，白天去学校办公，晚上经常半夜还在网上讨论各项内容。由于工作量极其庞大,我们四个人犯了一个致命的错误,那就是把重心放错了位置,轻文字而重演练。把中心放在了说课上,而忘记了常规文字的重要性。结果在省赛的评比过程中,我们连说课环节都没进入,直接连文字环节都没过,事实上也就等于我们整个暑假耗费精力最大的部分连施展的机会都没有。

如果说2019年的市赛成绩给了我们极大的鼓舞,那么省赛的成绩就给了我们沉重的打击,如果没有努力我们输得心服口服,可是我们明明历经艰辛、真心付出,却因为方向性错误而导致失败,所以当时我们四个人当中的每一个人都输得不情不愿,因为我们都认为那不是我们真正的实力。

后来我想可能2019年省赛的失败只是为了让我们走得更远。如果2019年的省赛我们获奖了,那么我们基本上就会到此为止,不会去再前行,也不会想去参加对我们而言可望而不可即的国赛。对于2019年省赛的失败,我们每个人都不甘心,于是我们又去参加了2020的青岛市赛,然后再次走到省赛,最后又走到了国赛。我们当时都未曾想过,原来将来的一年,有那么多始料未及在等着我们。

(二)第二次参加市赛并取得好成绩后晋级省赛获奖

2020年,青岛市教育局再次举行教师教学能力比赛,这一年我们鼓足勇气,以更精炼的课题参加比赛。机会总是留给有准备的人,12个以上的课时,如果没有足够长时间的准备和打磨,根本是无法准备好的。所以2020的市赛,我们以绝对的实力再次摘得了青岛市一等奖的第一名,并再次进军省赛。又是满满的一个暑假,有了前车之鉴,这次省赛,我们不敢掉以轻心。学校特地为我们请了专家,对我们的文字稿进行逐一点评,我们根据点评逐字逐句进行删减和修改,同时对页面也请了专家进行修整美化,倾尽我们所有能力,没有一点儿敷衍。接下来,就是14个课时的说课稿的设计和演练,我还记得当时的每一字每一句都是经过我们精挑细酌,因为我是扮演主讲老师,所以每一篇的设计我都记在心里,并一字一句写下来,然后再去演练。如果演练的过程中出现问题进行修改,就从头再写一遍,14课时的说课文字稿,我就整整写满了一本笔记本,至今还收藏在我们的微信朋友圈私人笔记中,以记录当时的艰辛。

接下来就是4个视频段落的录制,学校为我们请了专业的录制团队帮助我们拍摄,因为学校设备的陈旧,我们还租借了外校的专业教室进行拍摄。拍摄之前,所有的服装、环境,特别是拍摄过程中的语言、表情、动作场景都需要做到尽可能的完善,因此光录制前期就做了大量的准备,为了能使课堂更接近先进的要求,我用了两天两夜的时间在朋友的帮助下才完成了24台平板电脑的系统更新和软件安装。还有我们四个人四个不同片段的录像,在录制之前文案的设计,以及带领学生不断地重复性练习,都耗费了极大的心力。就在这样的情况下,我们每个人原定半天的录制时间也是不断延长,录制一遍不行再来一遍,不满意的话推翻又重新来,直至最后觉得满意为止!

那种状态就像是战士不打赢敌人坚决不罢休,而对战的敌人却是我们自己。时至今日,再想当时的情景,仍然能感觉到热血澎湃,那是一种不断战胜自己超越自我的热情和激情。当时的我们都在想,即使这次再不获奖,我们也无怨无悔,因为我们尽到了自己最大的努力,那就是我们最大的能力。然而终究是"皇天不负有心人",2020年的省赛我们以二等奖的好成绩顺利入围国赛,这个成绩对于文化基础类课数学课程而言已经是非常好的了,因为在百花齐放的各类专业课和丰富多彩的文化基础课程来说,数学要出彩太难了,能出圈已经非常难的! 所以知道成绩后,我至今都记得当时我们激动的心情,真的是太开心了,为成绩也为真心付出之后的收获!

(三)参加"全国职业院校技能大赛"

如果说2019年之前,大家的比赛是想办法如何出奇制胜、如何采用更先进的软件设备等,那么从2019年开始,国赛更多注重的是回归课堂教学本身,更强调真实的环境和真实的教学,而这些恰恰是我们的强项,所以当时的我们虽然也觉得艰难,但还是可以一试的。

2022年的国赛,我们以"能参加就很好,尽量争取奖项"的想法,尽自己最大努力去参加了比赛。恰逢2022年的国赛强调了"课堂思政"这一条,而我们的选题《富有生命力的函数》里面有很多方面是可以挖掘的,所以大家积极献言献策,形成一整套的案例,如:分段函数中增加用水用电问题,从而延伸到保护自然资源;指数函数中采用青花蒿案例,穿插屠呦呦教授的事例以激励学生认真学习刻苦钻研等,这些案例到如今看来,我仍然觉得在课堂上讲给孩子们是非常好的,非常具有渗透意义和鼓舞作用。另外,我们每堂课都会和孩子们一起总结重要知识点的打油诗,比如在《指数函数》这一节会总结:"左右无限上冲天,永于横轴不沾边,大 1 增小 1 减,图像恒过(0,1)点";再比如《二次函数》中总结的:"二次函数应用难,数形结合解困惑,确定开口对称轴,其他性质须看向图像"等等。整个内容的设计非常丰富、充实和有趣。

所以,能参加国赛对我们四个人来说,它的意义已经不仅仅是拿到奖项,而是它是一种财富的累积,这种财富不是别的,恰恰是我们对于课程的理解和认识,是对我们今后教学思想脉络走向的一种影响,能深切感受到那是一种在精神境界上的绝对提升,是在高度、宽度、广度和深度等不同维度上的全方位提升。

我们当时是拿到了 2020 年全国职业院校教师教学能力比赛的三等奖。成绩只是一时,而参加比赛对我们教学能力方面的影响却是一生。我想,这应该也是教育部举行这样一种比赛的最终目的所在,真正做到"以赛促教",通过比赛提升全国职业院校教师的教学能力。所以后来的我们也常常开玩笑说自己感悟到了比赛的精髓,确实是一种满满的沉淀感。

(四)参加最高等级比赛后的后续直接影响

借着参加全国最高等级比赛后获得的满满沉淀感,2020 年我参加了青岛优质课的比赛。青岛市的优质课比赛要求极其严格,先是要进行说课选拔,选拔过关后才能进行课堂比赛,而且题目都是临时拟定,比赛时才通知。所以一直以来,我对青岛市的优质课比赛都是充满敬畏,这种敬畏比参加我上面所说的所有比赛都要深切一些。因为国赛还可以自拟题目长时间准备,但是市赛却是从三册课本中任选题目,而且说课和讲课的题目都是不重复的。无目标的准备和有的放矢是截然两种不同的战斗方式。虽然已经参加过很多比赛,在说课比赛时因为时间限定 8 分钟,比常规比赛缩短了 2 分钟,所以我还是有点儿紧张,导致我差点儿超时,幸好有基本功底在,而且在最后一秒及时停下来,终于以比较优异的成绩入围讲课名单。因为有多次比赛打底,不管是从教学设计,还是最终的讲课展示,都很从容,最后获得了 2021 年青岛市优质课比赛的一等奖。我想,没有之前参加各级各类比赛的积累和铺垫,我不会有这份从容和镇定。只有不断地进行历练,才能让各种困难迎刃而解。

借着这种沉淀感,我接任本校两个 3 + 4 班的数学教学工作。由于长期不断地在各种比赛中历练,我的数学教学功底也在不断的学习和探究中打磨得越来越厚实,对 3＋4 的教学工作游刃有余,学生每学期的数学成绩稳步提升,很好地促进了学生的成长和发展。

人们常说:"没有什么成功是一蹴而就的",只有日积月累的努力,才有厚积薄发的可能。我常常在想,如果不是当初的不断挑战和刻苦努力的钻研,现在的我大概仍然是遇到事情畏畏缩缩不敢上前,或者即使是上前了也无力承担重任,不会有现在的毫不畏惧,也不会有现在这样的得心应手。所以,当初努力的自己和当初自己的付出都值得肯定。

第三节　立己达人专业发展的幸福感

写这一章,其实我的内心是很心虚的。因为从教 18 年,我在教育教学工作中所做的只有上面所说的这一些,远未及更多。

但这 18 年来,我认为自己值得称赞的是:始终坚守自己的初心,未曾放弃自己的执着,坚守在教学工作岗位上,不断地研究探讨、追逐和实现让老师和学生的生命力都能在课堂上得到绽放这一梦想,而这些梦想在不断实现的过程中,惠及了学生,也惠及了和我有同样理想的人,我因此而感到满足和喜悦。

如果非要说立己达人,那么我想下面几点始终让我的内心感到暖暖的。

一、有人同行的幸福

1. 发现"生命化课堂教学理念"时,我的同学及导师的认可

我常常觉得自己是一个笨人,知其困难而仍然前行。就像前面说的,中职学生不喜欢学习数学,这是一个很普遍的现象。这个现象的形成有很多的原因,比如基础不好、思维弱等等,不是一朝一夕能改变的。但是它就像一根刺扎在我的心里,非要想办法去解决,哪怕解决不了,也总想着是否有方法进行缓解,提高学生的学习兴趣,增加课堂的生命力。为此研究生期间不遗余力地去做这方面的研究,好在最终我找到了方向,写成《生命化教学理念对中职数学教育的启示》这样一篇论文,并得到导师和同学们的极大认可,当时,我的导师杨老师还特地把我的毕业论文同时传给其他几位导师,请他们品评指导。

2. 实施"生命化教学理念"过程中,教学改革实验组织领导、同事以及学生的认可

研究生毕业后回返到本职岗位上,我又一头埋进《生命化教学理念下的中职数学课堂教学研究》的课堂教学改革实验的探究当中,好在我并不是踽踽独行,而是有刘老师和姜老师两位年轻老师和我一同前行,还有很多的领导和前辈们给我们提供指导和帮助,同时也得到了实验学生的喜欢和鼓舞,最终获得了青岛市当年课堂教学改革实验的一等奖,并在全市中职学校教学改革实验交流会上进行了三次分享交流。这些都给予了我进行教学改革研究极大的动力与实验获得成功的喜悦感。

3. "生命化教学理念"潜移默化的后续影响

实际上,生命化教学理念已经潜移默化在我们的思想和行动中,我们在教学的过程中也是始终坚持贯彻这一点。所以在 2019 年的教师教学能力比赛中,比赛的发起人我的同事尉老师把《函数》这一题特意改名为《富有生命力的函数》,并把"生命化教学理念"作为我们比赛的基调和内涵所在,当时也得到了市赛组织领导和老师们的普遍赞同和认可。

在 18 年的教学生涯中我确实做到了自我的不断提升,把课堂逐渐转变为学生爱学、乐学的主阵地,从原先的干巴巴枯燥无味,逐渐变得有趣、丰富多彩;从原先的学生厌烦,到学生愿意参与进来;从原先对数学的恐惧,到数学不再那么可怕,是可以学会的,还可以做到学得高分,我觉得这都是我坚持不放弃的成果。

二、被人认可的幸福

在研究"生命化教学理念"的几年中,为了把课与理念接轨,我不停地研究各种课例,并作出了一些直到现在同事们还想常拿来用的教学设计。其中最为典型的,是我在 2018 年做的《圆的标准方程》这一课例。

我把一整堂数学课做成了这样:课前 2 分钟播放生活当中圆的视频。视频里面的图片都是我从网上搜的非常美的图片,如包含中国特色的青花瓷圆盘、具有文艺气息的圆形钟表、磅礴大气的圆形建筑等,再配上优美的乐曲制作了一个圆的欣赏的视频,让学生身临其境在圆的世界里;课堂开始我又播放了一段当时中央电视台的一个综艺节目中关于不同车轮前行的视频,学生看见方形车轮、三角形车轮、椭圆形车轮前行的视频时,乐得哈哈大笑,这时我再展示圆的形成的动图,让学生回忆复习圆的定义,学生对圆的定义的感受特别深刻;接下来在定义扎实的基础上播放微课引导学生根据曲线方程推导五步法"建设现(限)代化"推导出圆的标准方程,并采用几何画板,让学生动手操作感受 a, b, r 三个参数对圆的影响和重要作用;接着是应用环节,我采用随机选人和抢答的方法让学生回答问题,并设计非常优美的彩色气球采用交互作用,让学生选择,扎破一个气球就会出现一个相应的题目,而且里面还有彩色炸弹,寓教于乐,让学生在练习的过程中学习知识巩固知识的同时,又获得了很多的乐趣,课堂不再枯燥,不再乏味;而在提升环节,每道题我都让学生深入思考的同时,还让学生用几何画板做出图像加深理解,给学生潜移默化了数形结合的数学思想和做题方法;最后的拓展应用环节,我特别设计了一道开放性题目,让学生为公园设计一个半圆形的小亭子,小组成员需要相互合作探讨,既巩固了本节所学,又契合学生设计专业的特色,学有所用,让学生感受学习数学的好处和用处。

整堂课下来特别充实,而且也是紧紧围绕着《圆的标准方程》这一主题展开的,把应有的教学任务完成的同时,还进行了美的体验、专业的参与和数学思想方法的渗透。

因此,在后来的很多年甚至现在,仍然有同事每逢讲这个知识点都会跟我要课件,也要用这样的方式讲给学生听,都说这节课的设计契合中职学生的特点,上课效果好,学生很喜欢。

我想,这应该就是一种引领。有了一节好的示范课,再去上别的课时,大家都会想办法去寻找好的素材,形成一堂更好的课。久而久之,课堂教学质量就逐步提高上去了,学生不再畏惧数学,积极参与到课堂学习中,老师也越来越愿意教学,并且进行更深入更好的探究,由此逐渐形成一种良性循环,越来越好。

三、课堂教学案例分享

在教学探究的过程中,我积攒了很多素材,其中包括新授课的案例、习题课的案例、复习课的案例、课堂思政课的案例等等,所以想在本章把我之前做的一堂教学设计拿出来与大家共享,同时也借此机会请大家检查并批评指正。

随着时代的发展,新课时提出了很多的新要求,而在所有我设计的课例中,2019年《指数函数》这一节是设计得最饱满的一堂课,虽然时至今日已经好几年了,但我仍然不忍舍弃,这里我将呈现它的完整稿。

首先,在首页设计了封皮,标明主题《指数函数》和本节的思维导图框架结构。

图 5-1

接着,是教学设计的主体框架。

因为是采用了整体表格的形式呈现,为避免错行乱行,请大家直接关注下一页。

表 5-1

课题	1.4.2 指数函数						
授课班级	药剂专业一年级 3+2	授课课时	第 1 课时	授课地点	2504	授课形式	新授
数学分析							
教材分析	1. 出处:人民教育出版社中等职业教育规划省编教材《数学》第一册第四节《指数函数与对数函数》第二节; 2. 内容:指数函数的定义、图像、性质及应用; 3. 地位:指数函数是高中阶段所学的第一种基本初等函数,是前面函数的概念、表示法和性质等函数基础知识的延续,也是后面学习对数函数和其他函数的基础。						
学情分析	1. 基础:经过前面函数的概念、表示法和性质等函数基础知识的学习,学生已经具备了一定的函数思想,掌握了基本的学习函数的方法; 2. 优势:具备基本的计算机操作能力,会简单操作 GeoGebra(GGB)等软件;喜欢尝试新事物,愿意展示和探究,善于合作; 3. 短板:数学学习水平有所差异、独立解决问题的能力有待提高。						

课题	1.4.2 指数函数		
教学目标	知识目标： 1. 能准确复述指数函数的定义、图像和性质； 2. 会利用指数函数的定义、图像和性质解决简单的问题。		
	能力目标： 1. 通过数学实验,学生在合作探究中提升分析问题和解决问题的能力； 2. 通过对问题的探讨,学生掌握分类和数形结合的重要思想方法。		
	情感目标： 1. 养成严谨求真、积极自信的学习态度； 2. 培养学生逻辑推理和数据分析的核心素养。		
重 点	指数函数的定义、图像和性质及其应用		
难 点	指数函数性质的归纳及灵活运用		
教学策略	学法		教法
	小组合作法、学案导学法		实验教学法、启发式教学法
教学环境与资源			
硬 件	1. 多媒体教室 2. 平板学习机		
多媒体	蓝墨云平台、GeoGebra（GGB）绘图软件		
教学过程			
环节	教师活动	学生活动	设计目的
课前准备	在"云班课"平台 推送四个案例 女排夺冠 庄子语录 细胞分裂 药物衰减 搜集生活中类似的案例	1. 填写表格并分析 根据四个案例的表述写出:y 与 x 的关系。 2. 搜集上传	1. 培养学生的自主探究意识； 2. 为课堂教学做准备,使课堂更高效。

课题	1.4.2 指数函数		
情景导入	播放视频 电影《我和我的祖国》精华剪辑，是新中国成立 70 年来祖国建设伟大事业的浓缩掠影，如：中华人民共和国成立、神舟十一、香港回归、2008 年奥运会等。 提出问题 2018 年，我国的 GDP 约为 90 万亿元。若继续保持平均每年 6.8% 的增长率，那么到 2025 年，我国的 GDP 将达到多少呢？	1. 观看视频 伴随激昂的音乐，观看伟大祖国 70 年的发展历程，以一颗奋进的心融入到课堂。 2. 思考问题	1. 激发民族自豪感 2. 为课堂知识做准备 3. 引入课题

教学过程			
环节	教师活动	学生活动	设计目的
课前问题展示 5	组织学生分析案例 ① 女排夺冠的好消息 一日之棰，日取其半 细胞分裂 	1. 分组展示 每组各出一名学生分析课前 4 个案例中"函数值 y 与自变量 x 的关系" 	提供舞台 展示解说 提升素养

课题	1.4.2 指数函数		
课前问题展示 5	药效衰减 某种药物的原来的药量为：每隔1个小时就减为原来的0.89，问：x小时后药效是多少分？ 2.组织优秀展示 "生活中类似的案例" 3.教师评价 生活需要发现 数学需要探究 1.判断下列函数是否是指数函数？ (1) $y=1^x$ (2) $y=0^x$ (3) $y=(-3)^x$　$y=a^x(a>0且a\neq1)$ (4) $y=x^2$ (5) $y=0.89^x$	分析的结果分别是： $y=10^x$ $y=\left(\dfrac{1}{2}\right)^x$ $y=2^x$ $y=0.89^x$ 2.学生展示 微信营销： 第1次：转发给3个人 第2次：转发给9个人 第3次：转发给27个人	通过展示 激励成长

		教学过程	
环节	教师活动	学生活动	设计目的
探究定义 5	知识点一：定义 以问题引领的方式引导学生观察分析并得出结论： 1.问： 对于每一个 x 值是否都有： 唯一的一个 y 值与之相对应？ $y=2^x$　$y=\left(\dfrac{1}{2}\right)^x$　$y=10^x$　$y=0.89^x$ 问： 这些函数关系式有什么特点？ 3.定义： 指数函数定义： 一般地，形如 $y=a^x(a>0且a\neq1)$的函数叫做指数函数 其中 x 是自变量。 4.巩固： 设置两个题组 （3）$a=1.7$	在教师的引领下： 1.分析： 2.发现： 自变量 x 在指数上 底数是常数 理解定义： 数形结合理解： "底数 a 的取值范围" 4.题组训练： 7名学生分别口答 	层层递进 激发思考 引导探究 数形结合 帮助理解 多个问题 创设机会 激励发言

137

追求
教师专业发展的幸福

课题		1.4.2 指数函数	
探究性质 10	知识点二：图像和性质 主要采用实验探究的方式，通过 GeoGebra（GGB）软件让学生在实验报告的引领下动手探究 给出实验报告 组织学生回答 教师大屏幕操作演示 同时选 4 生回答 4 条报告 3. 数学小诗 给出上一届学生的作品 	1.GGB 动态探究操作 学生根据实验报告的要求进行操作 并填写"实验报告" 2. 报告实验数据 从 4 组各选 1 生口答 0<a<1，增函数 a>1，减函数 定点（0，1） 非奇非偶函数 定义域 R，值域（0，+∞） 3. 填写表格 1 生扮演	动态探究 动手操作 直观感知 多种方式 总结知识 帮助记忆 榜样示范 激励引导 提炼总结
知识应用 15	共设置 3 个题组 1. 判断 2. 比较大小 	在题组的引领下巩固 1. 小结 底数 a：大 1 增、小 1 减 2. 探究思考 结合图形 并用计算器验证 题（2）由学生自己来做 1 生扮演、集体订正 	问题引领 激发学生 思考探究 方法渗透

课题		1.4.2 指数函数	
知识应用 15	以问题引领的方式，引导学生从 定义 图像 计算器 三种方式结合进行比较 3.问题解决 题组三：2018年，我国的GDP约为90万亿元。 若继续保持平均每年6.8%的增长率，请问x年后我国的GDP y 是多少呢? 2025年，我国的GDP将达到多少呢? 教师引导，并指点化简的方法 	3.小组合作探讨 1生口答：1年后(2019)年的GDP? 小组合作探讨：2年后(2020)年的GDP? 1生扮演：计算过程 找规律探究：x 年后(2020)的 GDP? 思考：2025 年的? 用计算机计算结果 	数形结合 一题多解 提升综合能力 激励思考 培养学生 逻辑思维 渗透爱国思想

		教学过程	
环节	教师活动	学生活动	设计目的
课堂小结 1	引导学生复习主要知识点 	在教师引导下 知识再巩固	系统梳理 总结知识

课题		1.4.2 指数函数		
查漏补缺 4	1.云平台在线检测 ① 密切关注了解检测情况； ② 分析检测情况，解决问题； 2.反馈 ① 根据云平台成绩选出优秀 ② 针对错题同学询问指导	1.检测并自查问题 注意：1% =0.01	在线检测 实时反馈	
作业及结语 4	1.布置作业 一基础作业： 课本75页1.2.（数形结合＋计算器验证） 二.云平台： 1. 在线检测（自查自纠） 2. 评教评学 三:拓展作业： 1. 思维导图（总结＋困惑） 2. 寻找生活中的指数函数模型 2.结语——德育渗透 以两个指数函数图像，以国家伟大复兴为高起点，结合个人发展激励学生。 3.课堂结尾 共唱《我和我的祖国》	1.记下作业 课后线上反馈讨论 2.体会感悟 指数函数与我们 $1.01^{365}≈37.8$ $0.99^{365}≈0.03$ 积跬步以至千里 积怠情以至深渊 3.带着美好的祝愿 伴随优美的旋律下调	尊重差异 分层作业 国家兴亡 匹夫有责	
		教 学 反 思		

优点：

（1）以祖国建设70年发展历程的视频引入课题，从我国GDP增长这个指数函数模型提出问题，最终解决问题。结合指数函数图像，从高处着手的同时又结合学生自身实际，从而让学生学到的不仅仅是知识，而是更多；

（2）应用丰富的案例：女排夺冠、庄子语录、细胞分裂、药效衰减、微信营销等辅助本节课的知识学习，学生愿学乐学，从而帮助学生更好地理解知识；

（3）本节始终以学生为主体，通过问题引领和实验探究引导学生自己去学、去做，去观察、去思考、去回答，参与课堂全过程；

（4）引导学生通过定义、图像、计算器等多种方式解决问题，注重思想方法的渗透与培养。

不足与改进：

一定还有更好的素材没有被挖掘，还有更好的手段没有被发现，还有更好的方法没有提炼出来。所以，我也一直在探索的路上不断前行，希望能为我国的教育事业贡献自己的一份绵薄之力，不负新时代教育使命，不忘初心、砥砺前行！

课题	1.4.2 指数函数	
板 书 设 计		
		投影区域

后　记

　　教师是新时代教育高质量发展的主力军。追求教师专业发展的幸福已成为新时代教师队伍建设的重要目标与议题。《中共中央国务院关于全面深化新时代教师队伍建设改革的意见》颁布，明确提出使"尊师重教蔚然成风，广大教师在岗位上有幸福感、事业上有成就感、社会上有荣誉感，教师成为让人羡慕的职业"的建设目标，提升教师职业幸福感的前提是认识教师职业幸福。

　　幸福是人由生存需要得到适度满足、发展需要得到一定程度满足，并不断追求进一步满足所产生的对人生总体上感到满意的愉悦状态。我们在中职执教多年，都亲身感受到了中职教师的幸福。比如，一句话的幸福：来自同事的赞许，来自学生的钦佩，来自家长的感激，或者就是班会上学生的一句模仿秀；一张纸的幸福：学生认真完成的作业，自己精心编制的试卷，组织认可的荣誉证书……这些幸福或短暂，或零散，略显随意，常常为繁忙打断、淹没，不容易形成相对稳定、持久的体验感。要形成对职业生涯"总体上"感到满意的理性认识，需要有意识地把每一次愉悦体验收集起来，实现量的积累。

　　借鉴幸福管理的思路，将教师个人零散的幸福与国家"让广大教师在岗位上有幸福感"的愿景结合起来，将教师职业幸福软指标与学校办学硬指标结合起来，全部纳入教育管理系统中，形成教师职业幸福管理体系，以关注教师职业幸福为出发点，将规定教师完成的任务清单转换成教师可自主选择的幸福成长体验项目，激发教师自我成长的内驱力，将个人幸福融入教育高质量发展事业中，才能真正收获持续的职业幸福感[1]。

---

[1] 周洪：幸福管理：中学教师职业幸福感路径选择 [J]. 湖北经济学院学报（人文社会科学版），2022，19（11）：136-140.

幸福是一个永恒的话题,随着人民生活水平的提高,势必会涉及社会的方方面面。而随着中国特色社会主义教育现代化的快速发展,教师对幸福的追求也会发生改变,教师也开始追求专业发展的幸福。这就要求新时代教师专业发展的幸福研究必须与时俱进。教师追求专业发展的幸福这一观念的转变,也向学界提出了如何定位和解决这一问题的挑战。